땅에도 생명이 있어요

대한과학진흥회 엮음

스완미디어
SWAN MEDIA

책 머리에

오늘날 우리들은 고도로 발달된 과학 문명의 혜택 속에 살고 있습니다.

우리의 선진 조국 창조를 위해 무엇보다 중요한 것이 과학 기술의 개발입니다. 특히 자원이 부족한 우리나라에서 가꾸어야 할 유일한 자원은 과학 기술로 무장한 풍부한 인력 자원입니다.

대한 과학 진흥회에서는 배우는 학생들을 위해 사물을 깊이 관찰하는 습관과 합리적이고 창의적인 과학적 사고를 심어 주기 위한 방법의 하나로 과학 문고를 엮어 내고 있습니다.

과학 문고를 펴냄에 있어서 딱딱한 과학지식을 그림을 곁들여 쉽고 재미있게 이야기로 풀어 써서 학생들이 스스로 원리를 발견하고 재미를 느끼게 함으로써 과학의 여러 분야에 대하여 흥미를 갖고 접근할 수 있도록 하였습니다.

이 책과 더불어 많은 학생들이 과학에 깊은 관심을 갖고 탐구심과 창의력을 기르며 과학을 생활화 할 줄 아는 사람이 되는데 많은 도움이 되었으면 하고 바라는 마음 간절합니다.

기획편찬 **대한과학진흥회**

차례

병아리야, 미안해

~삐약 삐약

~삐약 삐약

초등학교 2학년인 동수는 샛노란 병아리 두 마리를 종이상자에 담아 봄볕이 잘 드는 베란다에 내놓았습니다. 작은 몸을 웅송그린 병아리들은 서로 부리를 맞대고 부들부들 떨고 있었습니다. 그 때 초인종이 울리며 기영이와 연이가 합창을 하듯 동수를 불렀습니다.

"동수야! 같이 숙제하자."

"그래."

동수는 얼른 달려가 현관문을 열었습니다.

"병아리는 어디에다 뒀니?"

연이는 안으로 들어서자마자 두리번거리며 물었습니다.

"베란다에, 근데 비실비실한 게 이상해, 죽으려나봐."

동수는 앞장서서 다시 베란다로 갔습니다.

눈을 반쯤 뜬 병아리 한 마리는 작은상자 안에서 비틀거리며 이리저리 돌아 다녔습니다. 하지만 다른 한 마리는 아예 눈을 꼭 감고 옴싹달싹도 하지 않았습니다.

"것 봐. 내가 학교 앞에서 파는 병아리들은 금방 죽는다고 했잖아."

기영이는 눈을 꼭 감고 있는 병아리를 깨워 보려는 듯 머리를 톡톡 건드려 보았습니다.

"난 잘 키워서 양념통닭 해먹으려고 했는데……."

"어느 세월에 키우니? 돈 주고 배달해 먹는게 편하지."

연이는 동수가 한심하다는듯 말했습니다.

동수는 저녁에 아빠와 엄마가 회사에서 돌아오시면 자랑하고 싶었는데 아쉽기만 했습니다.

쿵
쾅

"동수야, 우리 숙제는 있다가 하고 오락게임이나 한판 하자."

기영이가 동수의 팔을 잡아당겼습니다.

"좋아."

기영이와 동수와 연이는 서로 번갈아가며 텔레비전 화면 가득히 나온 우주 그림에서 적군의 비행기가 나오면 미사일을 발사해 폭발 시켰습니다.

우주비행기가 빨간 불꽃을 튀기며 터질 때마다 신나게 환호성을 올렸습니다.

한참 오락게임에 빠져있던 기영이와 동수와 연이는 그만 시들해졌습니다. 배도 고팠습니다.

동수는 엄마가 만들어놓고 간 샌드위치를 냉장고에서 꺼냈습니다.

"너네 우리집에 있는 누렁이 알지?"

기영이는 입안 가득 샌드위치를 씹으며 말했습니다.

"알지. 너가 똥개라고 싫어하잖아."

동수가 대답했습니다.

"글쎄, 그 똥개가 새끼를 가졌지 뭐야."

"정말? 근데 누렁이가 새끼를 가졌는지 안 가졌는지 너가 어떻게 알아?"

연이가 물었습니다.

"배가 불룩하게 나왔거든. 난 거들떠도 안봐서 그동안 몰랐는데 어제 내 신발이 없어졌지 뭐야. 그래서 범인은 똥개가 분명하니까 한 대 차줄려고 했는데 배 모양이 그렇잖아. 이제 우리집 마당은 똥개로 우글거릴거야."

기영이가 끔찍하다는 듯 어깨를 부르르 떨었습니다.

~삐약 삐약

~삐약 삐약

병아리의 가는 울음소리가 다시 들려왔습니다. 병아리들을 깜박 잊고 있었던 동수와 기영이와 연이는 베란다로 달려가 보았습니다.

어떻게 된 일인지 두 마리가 또록또록 맑은 눈을 뜨고 상자 안을 이리저리 돌아다니며 자기들끼리 장난을 치고 있었습니다.

"다시 살아났네."

연이가 반갑게 소리쳤습니다.

"내가 이럴 줄 알았어. 튼튼하게 생긴 것으로 골랐었거든."

동수가 엄지와 장지 손가락을 탁! 소리나게 부딪쳤습니다.

그 때 갑자기 하늘이 어두워졌습니다.

동수와 기영이와 연이는 베란다를 통해 동시에 하늘을 바라보았습니다. 금세 어둠이 걷히며 가까운 저쪽 하늘로 까만 새떼가 지나가고 있었습니다.

"너네 아파트 위로 새떼가 지나갔었나봐. 무슨 새지?"

연이가 베란다 창을 열고 매달렸습니다.

"제비 같은데?"

기영이도 베란다에 매달렸습니다.

까만 새떼는 작은 한 점이 되어 먼 하늘로 사라져버렸습니다.

"근데 닭은 왜 날지 못하지?"

동수는 병아리 한 마리를 손바닥 위에 올리며 말했습니다.

"닭도 옛날에는 날았대. 그런데 어느 날 사람이 잡아다가 소나 돼지처럼 집에서 기르게 되었는데, 사람이 먹이를 주니까 힘들게 날아다니면서 먹이를 찾아 헤맬 필요가 없게 된 거야. 그러다보니 날개는 작아지고 몸은 커졌으니 이젠 영영 날 수가 없게 됐지 뭐."

연이는 제법 어른스럽게 차근차근 이야기했습니다.

"그랬구나. 그럼, 어렸을 때부터 날기 연습을 시키면 다시 날 수 있을까?"

"글쎄……."

동수가 다시 묻는 질문에 연이는 갸우뚱거렸습니다.

"어쩜 될 수 있을 지도 몰라. 우리 엄마가 그러시는데 무엇이든 자꾸 연습하면 잘 할 수 있다고 하셨어."

기영이가 나서서 아는 체를 했습니다.

동수는 손바닥 위의 병아리를 가만히 들여다보며 날개를 만져보았습니다.

"우리 병아리는 날기 연습을 시켜보면 어떨까?"

"……."

동수의 뜻밖의 말에 기영이와 연이는 마주보고 두 눈을 껌벅거렸습니다.

"그럼, 옛날처럼 하늘을 훨훨 날 수 있을지 모르잖아."

"좋아. 심심했는데 날기 연습이나 시켜보자."

기영이가 찬성을 했습니다.

"그럼, 난 심판할게. 누가 더 잘 훈련시키는지 말야."

연이의 말에 동수와 기영이는 병아리 한 마리씩 들고 베란다에 기대어 아래를 내려보았습니다. 까마득한 10층 아래에는 몇 명의 사람들이 지나다니고 자동차들이 주차되어 있었습니다.

동수와 기영이의 중간에 연이가 섰습니다.

"여기는 10층이니까 병아리가 날기에 충분할 거야. 여기서 던지고 얼른 내려가 봐야해. 그동안 병아리가 딴 곳으로 달아날 수도 있으니까. 자, 그럼 내가 던져! 하고 소리치면 던져야 돼."

"알았어."

동수와 기영이는 시합을 하듯 병아리를 든 손을 베란다 바깥쪽으로 내밀었습니다. 병아리들이 삐약 삐약! 울고 있었습니다.

"자, 준비하고…… 던져!"

연이의 신호에 동수와 기영이는 손에 들고 있던 샛노

란 병아리를 공중에 놓았습니다.

병아리는 공중을 가르며 아래로, 아래로 떨어졌습니다.

동수와 기영이와 연이는 후다닥 뛰어 현관을 나갔습니다. 엘리베이터를 타고 1층으로 내려갔습니다. 그리고 도망칠 지도 모를 병아리를 찾기 위해 화단으로 달려갔습니다.

동수와 기영이와 연이는 화단 울타리를 넘어서려다 놀라서 주춤 서고 말았습니다.

밤색 챙이모자와 파란색 운동복을 입은 어른이 화단 안에서 등을 보인채 앉아 있었습니다.

그리고 땅에는 길다란 싸리 빗자루가 놓여 있었습니다.

"빗자루 할아버지야!"

동수는 저도 모르게 소리를 질렀습니다.

밤색 챙이모자와 파란색 운동복은 볼이 홀쭉하고 턱에는 복슬복슬한 수염을 하고 있는 할아버지의 차림새였습니다. 또한 싸리 빗자루는 할아버지가 늘 들고 다니는 지팡이 같은 것이었습니다. 할아버지는 싸리 빗자루를 들고 다니며 아파트 단지 이곳저곳을 말끔히 청소하고 다녔습니다. 그래서 아파트 사람들은 할아버지를 빗자루 할아버지라고 불렀습니다. 하지만 빗자루 할아버지가 한번도 웃는 모습을 본 사람은 아무도 없었습니다. 언제나 무뚝뚝한 표정이었습니다. 어른들은 혼자 외롭게 사시기 때문이라고 하였지만 아이들은 그런 할아버지가 웬지 겁이 나서 혹시 만나기라도 하면 도망가기 일쑤였습니다.

빗자루 할아버지가 동수쪽을 돌아보았습니다.

동수와 기영이와 연이는 마른침을 꿀꺽 삼키며 뒷걸음질을 쳤습니다. 딴 동네에 사는 기영이도 빗자루 할아버지에 대해서 이미 알고 있었습니다.

"너희들 짓이냐?"

눈꼬리를 치켜뜬 빗자루 할아버지는 버럭 소리를 질렀습니다.

그 바람에 동수와 기영이와 연이는 발목에 밧줄이라도 묶인 듯 제자리에 우뚝 멈춰서고 말았습니다. 빗자루 할아버지는 한손에 뭔가를 들고 아이들쪽으로 다가왔습니다.

아이들은 가슴에서 콩닥콩닥 뛰는 심장소리가 귀까지 들려오는 것만 같았습니다.

빗자루 할아버지는 아이들 앞으로 한손을 내밀었습니다. 거기에는 샛노란 병아리 두 마리가 쓰러져 있었습니다.

"이 가엾은 병아리들을 대체 왜 던진 거지?"

"……나, 날기 연, 연습을 시켰어요."

"뭐라구?"

빗자루 할아버지는 어이가 없는 표정을 지었습니다.

"닭은 날지를 못한다는 걸 몰랐단 말이냐? 하물며 이런 새끼를 집어던지다니 말이나 되는 소리야?"

"죽, 죽었나요?"

기영이는 기어들어가는 소리로 겨우 물었습니다.

"그럼, 살 수 있다고 생각했니?"

"그, 그거 얼마 안 비싸요. 학교 앞에서 이, 이백원씩 주고 샀는 걸요."

연이의 말에 동수와 기영이는 크게 고개를 끄덕거렸습니다.

빗자루 할아버지는 심각한 얼굴로 가만히 고개를 저었습니다.

"이 병아리는 조금 전까지 숨을 쉬고 있었다. 그런데 너희들의 장난으로 지금은 숨을 전혀 쉴 수가 없게 되었어."

아이들은 멀뚱히 할아버지를 볼 뿐이었습니다.

빗자루 할아버지는 이마에 주름살을 모으고 동수의 손을 덥석 잡아 당겼습니다. 순식간에 일이라 동수도 깜짝 놀랐습니다. 빗자루 할아버지는 동수의 손에 병아리들을 놓았습니다. 분홍빛이 도는 가는 다리를 쭉 뻗은 병아리는 아까처럼 부드럽지 못했습니다.

꼭 감은 눈에는 눈물이 맺힌 것도 같았습니다.

"저쪽 양지바른 곳에 묻어줘라."

빗자루 할아버지의 목소리는 가라앉아 있었습니다.

기영이가 동수의 옷자락을 잡아당겼습니다.

동수와 기영이와 연이는 빗자루 할아버지가 가리킨 화

단으로 들어갔습니다. 손으로 양지바른 땅을 팠습니다. 그리고 병아리 두 마리를 나란히 뉘였습니다.

동수는 문득 또록또록 맑은 눈을 가졌던 병아리의 모습이 머릿속에 떠올랐습니다.

'병아리야, 미안해.'

빗자루 할아버지는 아이들에게 다가와 싸리 빗자루를 집어 들었습니다.

"다시는 그런 끔찍한 장난은 하지 말아라."

동수와 기영이와 연이는 아무 대답도 하지 못했습니다.

빗자루 할아버지는 빗자루가 지팡이인양 땅을 찍으며 놀이터쪽으로 가버렸습니다.

자연을 알고 싶어

동수는 복도로 기영이를 불러냈습니다.

"무슨 일인데 교실에서 말을 못하는 거야?"

"정말 큰일났어."

"뭐가?"

동수는 한숨을 푹 내쉬었습니다.

"아유, 답답해. 빨리 말해 봐."

"엄마가 어제 일을 알아버리셨어. 오늘 빗자루 할아버지를 찾아가서 잘못했다고 말씀드리래."

"너 병아리 얘기를 했단 말야? 아무한테도 말 안하기로 약속했잖아."

"밤에 연이 엄마한테서 집으로 전화가 온거야."

동수는 슬쩍 연이쪽을 쳐다보았습니다. 연이도 동수를 보다가 얼른 눈길을 피해 버렸습니다.

"연이는 병아리가 불쌍하다고 막 울었나봐. 그러면서 자기 엄마한테 다 고자질을 해버렸어. 어제 나도 엄마한테 얼마나 혼났는데."

"아무튼 여자애들은."

"너 함께 가주지 않을래? 나 혼자 가기에는 빗자루 할아버지가 너무 무서워서……."

"글쎄……."

"같이 가자. 넌 내 친구잖아."

"친구따라 강남도 간다는데 좋아. 사실 나도 너랑 똑같이 잘못했잖아. 마음이 좋지 않았는데 용서를 받으면 좀 나아질 것 같아."

"고맙다, 기영아."

동수는 기영이를 와락 껴안았습니다.

"켁켁! 내 목 좀 풀어주라. 숨도 못 쉬겠다."

학교가 끝나자마자 동수와 기영이는 빗자루 할아버지

가 살고 있는 아파트 3동으로 갔습니다. 동수는 3동 경비실 유리창을 두드렸습니다.

"무슨 일이니?"

신문을 보던 경비 아저씨가 물었습니다.

"전 5동에 살고 있는데요. 빗자루 할아버지가 몇 호에 살고 있는지 알고 싶어서요."

"그건 왜?"

"……그냥요. 만나서 드릴 말씀이 있거든요."

"글쎄다, 지금 집에 계실지 어디 청소를 하러 나가셨는지 모르겠다만 아무한테나 몇 호라고 가르쳐줄 수는 없고 잠깐 기다려봐라. 참, 네 이름은 뭐냐?"

"동수요."

경비 아저씨는 빗자루 할아버지 집으로 인터폰을 넣었습니다.

"별 일이구만. 빗자루 할아버지네에 찾아오는 사람이 다 있구…… 안 계신가, 전화를 안 받으시는구나."

혼자 중얼거리던 경비 아저씨는 그래도 계속 수화기를 들고 있었습니다. 그러다가 그쪽에서 받았는지 동수에

게 고개를 끄덕여주었습니다.

“여기 경비실입니다. 다름이 아니라 여기 어린이 두 명이 할아버지를 찾아와서 몇 호인지 가르쳐달라고 하는데 가르쳐 줘도 될까요?…… 아이 이름이요? 이름이 뭐라고 했지?”

경비 아저씨는 동수를 쳐다보았습니다.

“동수요.”

동수는 얼른 이름을 말해주었습니다.

"동수라는데요. 모르시겠다구요? 잠시만요."

동수는 어떡하지? 하는 얼굴로 기영이를 돌아보았습니다. 기영이는 잠깐 생각하다가 경비 아저씨에게 말했습니다.

"어제 병아리를 던진 아이들이라고 말씀해주세요."

"그게 무슨 소리냐?"

경비 아저씨는 엉뚱하다는 듯 아이들을 보고는 다시 수화기에 입을 갖다 대었습니다.

"어제 병아리를 던진 아이들이라고 하는데요. 가르쳐주라구요? 알겠습니다."

"올라오래요?"

"그래. 706호다."

"감사합니다."

"얘, 얘들아, 병아리를 던진 아이들이라는게 무슨 말이냐?"

경비 아저씨의 물음에 대답할 사이도 없이 동수와 기영이는 엘리베이터로 뛰어갔습니다. 동수와 기영이는

엘리베이터를 타고 올라오며 웬지 긴장이 되었습니다. 손바닥엔 축축한 땀이 베어나왔습니다.

"동수야, 여기까지 따라오긴 했는데 떨린다."

"나도 그래."

동수와 기영이는 헛기침을 두어번 큼큼거리고 엘리베이터에서 내렸습니다. 그리고 긴 복도로 걸어갔습니다. 그런데 706호 앞에서 누군가가 망설이는 듯 기웃거리고 있었습니다.

"연이야!"

동수가 소리쳤습니다.

연이가 대뜸 돌아보더니 고개를 떨구었습니다.

"너 여기 웬일이니?"

기영이가 물었습니다.

연이는 대답대신 머뭇거리며 동수의 눈치를 살폈습니다.

"미안해. 나 때문에 너 엄마한테 혼났지? 자꾸 병아리가 생각나서 잘 수가 있어야지. 병아리가 불쌍해서 눈물이 막 나오잖아."

"됐어. 잘못했으면 야단맞아야지 뭐. 되려 엄마한테 꾸중 듣고 나니까 마음은 가볍더라. 근데 혼자서 여긴 무슨 일이야?"

"빗자루 할아버지집 찾아온 거야. 엄마가 잘못했다고 말씀드리래."

"우리도 용서를 빌려고 온 건데. 이럴 줄 알았으면 같이 올 걸 그랬지?"

기영이가 나서서 말했습니다.

"여기가 706호 맞는데……."

동수가 단추구멍만한 렌즈로 들여다보았습니다.

"밖에서 보면 보이냐? 나와. 내가 초인종을 누를 테니까. 옛말에 매도 맞을려면 먼저 맞는게 좋다고 했잖아."

기영이는 초인종에 손을 뻗었습니다. 하지만 웬지 가슴이 쿵쾅거려서 한 손으로는 가슴을 꾹 눌렀습니다.

딩동!

막상 초인종에서 소리가 나자 동수와 기영이와 연이는 도망이라도 갈 듯 두어 걸음 물러섰습니다.

"누구요?"

안에서 빗자루 할아버지 소리가 났습니다.
그러더니 철커덕 현관문이 열렸습니다.
빗자루 할아버지는 밖으로 나와 아이들을 무뚝뚝하게 쳐다보았습니다.
"안녕하세요?"
아이들은 가만히 고개를 숙였습니다.
"어서 들어들 오거라."
빗자루 할아버지는 먼저 안으로 들어갔습니다. 빗자루 할아버지의 목소리는 어제와 달랐습니다. 어제 목소리가 딱딱한 엿가락 부러지는 소리였다면 지금 목소리는 부드럽게 엿가락이 늘어지는 소리였습니다.
아이들은 뜻밖인 듯 서로 말똥말똥 쳐다보았습니다.
"들어들 오라니까."
빗자루 할아버지의 목소리에 아이들은 쭈뼛쭈뼛 따라 들어갔습니다.
할아버지는 베란다에 걸어둔 새장에 먹이를 주고 있었습니다.
"마침 먹이를 주고 있었단다. 너희들도 보겠니?"

아이들은 쪼르르 베란다로 갔습니다.

"석달 전에 우리집 베란다 창으로 수놈이 한 마리 들어왔단다. 그래 암놈을 사다가 함께 넣어주었지."

"이, 이름이 뭔데요?"

동수가 더듬거리며 물었습니다.

"십자매란다. 귀한 새는 아니지만 아주 예쁘지?"

"네."

"이번에 7개의 알을 낳았단다. 만져볼래?"

아이들은 대답도 못하고 입술만 오므렸다 폈다 했습니다.

"잠시 알 세 개만 빌리잤구나. 금방 넣어줄게."

빗자루 할아버지가 새장 속에 손을 가만히 넣자, 알을 품고 있던 한 마리가 둥지 위로 올라갔습니다. 새장의 가는 창살에 매달려있던 나머지 한 마리도 둥지 위로 자리를 옮겼습니다.

할아버지는 둥지 속에서 세 개의 알을 꺼내 아이들의 손에 놓아주며 살짝 쥐어보라고 했습니다. 자그맣고 하얀 십자매 알에서 따뜻함이 종소리처럼 은은하게 전해졌습니다.

"그 알 속에는 생명이 자라고 있단다. 바로 숨을 쉬고 있다는 거다. 어떻게 보면 작고 보잘것 없지만 아무도 그 알을 함부로 할 수는 없단다. 날이 가면 새끼가 당당히 알을 깨고 나올게다. 이것이 생명의 소중함이란다. 신비스럽지 않니?"

동수와 기영이와 연이는 이제야 빗자루 할아버지의 말을 알아들을 수 있었습니다. 샛노란 병아리를 10층 베란다에서 날기 연습을 시켰던 일, 한 마리에 이백원밖에 하지 않는다고 말했던 일이 더욱 부끄럽게 여겨졌습니다.

"자, 그만 알들을 어미에게 돌려주자. 사실 사람들이 알을 자꾸 만지작거리면 알이 그만 곯아버리는 수가 있단다."

빗자루 할아버지는 다시 조심스럽게 알을 넣어주었습니다.

빗자루 할아버지네 거실에는 처음 보는 꽃들이 담긴 화분들이 많았습니다. 화분 마다에는 꽃들의 이름이 적

힌 조그만 팻말이 꽂혀 있었습니다.

민들레, 달개비, 도라지, 감자꽃 돌나물, 할미꽃, 졸방이, 땅나리, 제비꽃, 과꽃, 방울새란, 물솜방망이, 꽃다지, 산괴불주머니, 좀구슬봉이 같은 이름들이 적혀 있었습니다.

"우리나라 풀꽃들이란다. 키가 50센티미터 아래로 자라는 것들만 구한거지. 꽃이 피는 때도 다 다르단다."

"감자꽃이 이렇게 예쁜 줄은 몰랐어요. 돌나물 꽃은 꼭 별같구요."

연이는 풀꽃들을 보며 감탄했습니다.

"동물이나 식물 등 자연을 알게되면 더 놀라운 일이 많을 게다. 손님이 오셨으니 대접을 해야겠는데……."

빗자루 할아버지는 주방으로 가서 식탁 위에 뭔가를 준비했습니다.

동수는 할아버지를 보며 그동안 무서운 빗자루 할아버지로서 대했던 때와 너무 달라 어리둥절할 뿐이었습니다.

"이거 할아버지 혼자 살아서 마땅히 대접할 것이 없구

나. 이리들 와서 앉아라.”

동수와 기영이와 연이는 식탁에 둘러 앉았습니다. 식탁에는 과자와 우유가 한 컵씩 따라 있었습니다.

“우리 서로 이름이나 알잤구나. 누가 동수지?”

빗자루 할아버지가 아이들을 차례로 쳐다보았습니다.

“제가 동수예요. 어제는 잘못했습니다.”

“전 연이에요. 저도 잘못했습니다.”

“저는 여기 아파트에서 살지 않아요. 큰 길 건너에서 살아요. 이름은 기영이구요. 어제 저희가 장난친 거 용서해 주세요.”

빗자루 할아버지는 얼굴에 미소를 띄우며 고개를 끄덕거렸습니다.

“난 그냥 빗자루 할아버지라고 부르면 된다.”

“……!”

“후훗. 왜, 내가 내 별명을 모를 줄 알았니? 한 가지 더 이야기 할까? 이 아파트 사람들은 내가 왜 혼자 사는지 무척 궁금해 하는 거 같더구나. 이 할아버지에게도 아들이 둘이나 있단다. 하지만 모두 미국에 살지. 손주

들이 보고 싶으면 언제든지 미국으로 달려간단다. 난 우리나라가 좋아요. 그래서 떠나지 않는 거야."

"그런데 전 오늘 놀랐어요. 사실 빗자루, 아니 할아버지가 무서워서 그동안 할아버지를 피했거든요. 저뿐만 아니라 우리 아파트 애들은 다 그랬어요. 왜 우리에게 무섭게 대했어요."

동수는 제일 궁금한 일을 물어보았습니다.

"난 너희들에게 무섭게 대한 적이 없었단다. 너희들이 그냥 날 피했을 뿐이지. 내 얼굴 표정이 무뚝뚝하긴 하지만 말이다."

동수는 곰곰히 생각해 보니 빗자루 할아버지 말씀이 맞는 것 같았습니다.

"할아버지는 뭐하시는 분이세요? 다른 집들과 다르게 우리나라 풀꽃들을 기르고, 아파트 청소도 하시고 또 재활용 분리수거 통들도 깨끗이 정리하시고요."

연이도 궁금했던 것을 물었습니다.

"글쎄다……. 이 할아버지는 자연을 사랑하고 환경을 아끼는 사람중의 한 사람일 뿐이란다."

"그럼, 환경파수꾼이시네요."

기영이가 어디서 들었던 이름을 불쑥 말했습니다.

"환경파수꾼이라…… 마음에 드는구나."

빗자루 할아버지는 이가 다 보이도록 활짝 웃었습니다. 그리고 아이들을 찬찬히 바라보았습니다.

"자연을 알아보고 싶지 않니? 너희들이 십자매 알을 만져보았을 때의 느낌이 바로 자연의 느낌이란다. 점점 하늘은 매연으로 차고 강물은 공장이나 가정에서 내보내는 폐수로 오염이 되고 있단다. 우리가 지켜주지 않으면 자연은 그대로 있지 않아요."

"전 자연을 알아보고 싶어요."

기영이가 벌떡 일어서며 말했습니다.

"저도요."

"저도 할래요, 할아버지."

동수와 연이도 찬성했습니다.

빗자루 할아버지는 아이들의 손을 한데 꼬옥 잡고 흐뭇하게 웃었습니다.

우리 동네에는 생물이 많아

"안 가? 집에 가라니까."

기영이는 동수네 아파트 입구까지 따라온 누렁이를 쫓아내기 위해 쾅쾅 땅에 발을 굴러 으름장을 놓았습니다. 그래도 배가 불룩한 누렁이는 몇 걸음 뒤로 물러섰다가 기영이가 돌아서면 또 쫓아왔습니다.

"정말 미치겠네. 이똥개야 난 너가 귀찮단 말야. 왜 자꾸 따라오는 거야?"

기영이는 빽 소리를 지르고는 땅에서 돌맹이 하나를 찾아 던지려는 시늉을 했습니다.

누렁이는 깜짝 놀라 얼른 저만치 달아나다가 다시 기

영이를 멀뚱히 쳐다보았습니다.

"또 한번만 따라와 봐라."

기영이는 누렁이 근처에다 힘껏 돌을 던졌습니다. 그 바람에 누렁이는 포기한 듯 고개를 떨구고 가버렸습니다.

기영이는 손바닥을 탈탈 털고 바쁘게 아파트에 있는 놀이터로 뛰어갔습니다.

빗자루 할아버지는 오늘도 싸리 빗자루를 들고 밤색 챙이모자와 파란색 운동복 차림으로 벌써 놀이터 등나무 아래에 나와 있었습니다.

놀이터 앞에 세워진 시계탑은 2시를 가리키고 있었습니다.

"할아버지!"

기영이가 달려오며 할아버지를 불렀습니다.

마침 동수와 연이도 저쪽 아파트 관리사무소 앞을 지나쳐 뛰어왔습니다.

아이들의 손에는 수첩과 연필이 들려있었습니다.

"모두 제 시간에 맞춰 잘 왔구나. 자, 앉자."

빗자루 할아버지와 아이들은 등나무 아래에 둥그런 탁자가 있는 쉼터 의자에 둘러앉았습니다. 빗자루 할아버지는 자리에 앉자마자 이야기를 꺼냈습니다.

"자연을 알기 위해서는 직접 경험하는 것이 좋단다. 너희들 중에 길거리에 아무렇게나 굴러다니는 돌을 손에 쥐어본 적이 있니?"

동수와 기영이와 연이는 서로 얼굴을 쳐다볼뿐 입을 다물 수밖에 없었습니다.

"그러면 나무에 기대어보거나 잎사귀를 뺨에 비벼본 일은?"

아이들은 고개를 저었습니다.

"우리 아파트에는 나무들이 참 많단다. 참새나 비둘기들도 날아다니지. 여름이면 화단에 풀벌레들도 보이고 가끔 달팽이도 찾아볼 수 있단다. 이렇게 우리들 가깝게 있는 자연부터 알아보도록 하면 어떻겠니?"

"좋아요, 할아버지."

아이들은 웬지 마음까지 설레었습니다.

"자, 지금부터 삼십분 동안 우리 동네를 돌아다니며

자기가 본 식물이나 동물, 새, 곤충 아무거나 보이는대로 생물 이름을 적어 보도록 하자, 그럼, 2시 30분에 다시 이곳에서 모이도록 하잤구나."

"네."

아이들은 각각 흩어졌습니다.

빗자루 할아버지는 먼하늘로 시선을 옮겼습니다. 파란 하늘에 뭉실뭉실한 하얀 구름이 신선한 바람에 실려가고 있었습니다.

"저 하늘을 지켜야만 돼……."

빗자루 할아버지는 혼잣말로 중얼거렸습니다.

동수는 처음 칸에 아파트에 줄지어 있는 '은행나무'를 적었습니다. 팔랑팔랑 노랑 나비 한 마리가 까만 자동차 위를 날아가는 모습을 보고 둘째칸에 '노랑 나비'를 적었습니다.

은행나무
노랑나비
분홍색 장미
비둘기
소나무
감나무
강아지
무당벌레...

동수는 적어가면 적어갈수록 참 재미있었습니다. 우리 동네에 이렇게 많은 생물들이 살고 있는지 몰랐습니다. 이름만 적는 것이 아니라 그 생김새까지 관찰하게 되었습니다.

얼마 후, 동수와 기영이와 연이가 다시 모이자 빗자루 할아버지는 세장의 메모를 비교해 보았습니다.

"잘들 했다. 생물들을 찾아보며 느낀 것을 얘기해 볼 수 있겠니?"

"갑자기 나무나 곤충들이 가깝게 느껴졌어요."

"은행나무에 기대어 보았는데 참 좋았어요."

"세상에 식물이나 동물들이 없다면 참 쓸쓸할 것 같아요."

아이들은 저마다 느낀 것을 이야기했습니다. 빗자루 할아버지는 흡족한 표정으로 고개를 끄덕거렸습니다.

"만약에 식물이나 동물들이 사라지게 된다면 우리 사람들도 이 지구에서 먹을 것을 구할 수 없게 되어 살 수가 없겠지. 그래서 우리가 자연을 지켜야 할 까닭이 여기에 있는 거란다. 하지만 지금 지구가 아파하고 있단다."

"……."

"공해 때문에 파란 하늘이 아프고, 폐수 때문에 맑은 강물이 아파하고 있지. 또 나빠진 공기와 물 때문에 식물과 동물들이 아파하고 있단다. 이건 우리 사람들의 잘못 때문이란다. 지금이라도 서로 힘을 모아 깨끗한 우리의 자연을 먼 후손에게까지 물려줘야지 않겠니?"

"네."

아이들은 다짐이라도 하듯 입술을 야무지게 다물었습니다.

"자, 그럼 깨끗한 자연을 지키기 위해 우리가 노력하고 있는 것은 무엇이 있지?"

"쓰레기를 분리수거 하고 있어요."

동수가 대답했습니다.

"그렇지. 재활용할 수 있는 물건들을 따로 분리하는 것은 그만큼 쓰레기를 줄이는 일이니 땅을 살릴 수 있는 거란다. 우리나라는 아직 쓰레기 대부분을 땅에 묻는 방법을 사용하고 있는데 여기서 흘러나오는 오염된 물들은 강으로 흘러들고 비닐은 썩지 않아 땅을 엉망으로 만든단다. 심한 악취가 나는 이런 땅에서는 전염병을 일으키고 어떤 식물도 자랄 수 없지."

"얼마전에 텔레비전 뉴스에서 봤는데요, 자원봉사하는 아저씨들이 산에 있는 쓰레기를 청소하는데 어느 한 곳의 나무들은 제대로 자라지 못하고 말라 죽는게 이상했대요. 그래서 죽은 나무들의 뿌리쪽을 파보니까 그 속에서 쓰레기더미를 발견하게 되었대요. 이 쓰레기 때문에 나무뿌리가 제대로 뻗지도 못하고 영양분을 흡수하지 못하니깐 죽은 거래요."

기영이가 말했습니다.

"그래, 기영이가 잘 얘기 해줬구나. 썩지 않는 비닐이나 유리, 플라스틱은 나무가 크는 것을 방해한단다. 또 무엇이 있을까?"

"우리 엄마는 음식물 쓰레기가 하수구로 흘러가지 않게 해야 된다고 싱크대 물빠지는 곳에다 헌 스타킹을 싸매어 두었어요."

이번에는 연이가 말했습니다.

"그건 바로 강을 살릴 수 있는 방법이란다.

음식물을 그대로 흘려버리면 강물이 오염이 되어 물고기가 살 수가 없다. 우리 가정에서 음식물의 찌꺼기를 퇴비로 만들어 베란다에 예쁜 꽃밭을 만든다면 좋겠지. 고추나, 상추 같은 것을 길러 따 먹는 것도 재미있거든. 퇴비는 좋은 흙을 만들게 되고 식물도 쑥쑥 자라게 한단다."

"퇴비는 어떻게 만드는 건데요?"

기영이가 물었습니다.

"꼭 짠 음식물을 잘 말려서 거기에 미생물 발효제라는 것을 넣으면 좋은 유기성 퇴비가 된단다. 이건 엄마의 도움을 받아야겠지?"

"집에 가서 엄마한테 말씀드려야겠어요. 해마다 마당에 고추하고 토마토를 심는데 몇 년 전부터 잘 자라지도 않고 열매도 잘 맺지 못하거든요. 화원에서 사온 비료를 주긴 하는데 효과가 없데요."

기영이는 제대로 자라지도 못하고 땅으로 툭 떨어져버리는 파란 열매들을 떠올리며 말했습니다.

"할아버지 생각으로는 땅에 영양이 없는 것 같구나. 내게 만들어 놓은 퇴비가 있으니 나눠 가져가렴."

"네."

이 때 연이가 갑자기 으악! 비명을 지르며 의자 위로 훌딱 뛰어올랐습니다.

빗자루 할아버지와 동수와 기영이는 놀라서 연이를 쳐다보았습니다.

"누가 내 종아리를 쓰윽 핥았단 말야."

동수와 기영이는 탁자 아래로 얼굴을 들이 밀었습니다.

"누렁아!"

기영이는 탁자기둥에 웅크리고 누워있는 누렁이를 보고 버럭 소리를 질렀습니다.

"집으로 가라고 했더니 여기까지 쫓아와서 말썽이네."

기영이는 주먹으로 누렁이의 머리통을 세게 쥐어박으며 씩씩거렸습니다.

"새끼를 갖은 것 같구나."

빗자루 할아버지는 탁자 밑에서 누렁이를 끄집어내어 품에 안았습니다.

"만지지 마세요. 암놈인 주제에 목욕하는 건 얼마나 싫어하는데요. 우리 엄마가 저 똥개를 한번 씻기려면 하루종일을 쫓아다니신다구요."

"초롱초롱한 눈이 아주 예쁘구나."

빗자루 할아버지는 누렁이의 목을 쓰다듬어 주었습니다. 누렁이는 낯을 가리기는 커녕 기분이 좋은지 길게 하품까지 했습니다.

"칵!칵!칵! 똥개 눈이 초롱초롱하다구요?"

기영이는 어림도 없다며 목에 가시가 낀 것처럼 웃었습니다.

"가만보니 기영이는 누렁이를 좋아하지 않는가보구나?"

"똥개 주제에 입맛은 얼마나 고급인데요. 생선 국물이

안 들어가면 밥에 입도 안대요. 그것뿐인 줄 아세요? 집에 있는 신발은 다 이 똥개가 물어뜯었구요, 한번은 마루까지 올라와서 내 산수공책을 다 뜯어놨다구요."

"그래도 시장가서 대가리 얻어 오는 것은 기영이 너가 하잖아."

동수는 주머니에서 과자를 꺼내 누렁이의 입에 대 주었습니다.

"내가 가고 싶어서 가니? 엄마가 시키니까 할 수 없이 가는 거지. 누렁이만 없으면 내가 얼마나 편해지는 줄 알아?"

기영이는 정말 화가나는지 누렁이의 까만코를 한대 때려주었습니다.

"자, 받아라."

빗자루 할아버지는 누렁이를 기영이에게 안겨주었습니다. 엉겁결에 기영이는 누렁이를 받아들더니 냉큼 땅에다 내려놓았습니다.

"주인이 예뻐하지 않으면 다른 사람들도 함부로 대한단다."

"괜찮아요. 누렁이는 똥개거든요."

기영이는 과자 부스러기를 땅에 떨어뜨리며 아작아작 씹고 있는 누렁이를 못마땅한 듯 쳐다보았습니다.

"자, 오늘은 여기까지 이야기하자. 참, 잊을 뻔 했구나."

빗자루 할아버지는 안주머니에서 종이를 꺼내 아이들에게 한 장씩 나누어 주었습니다.

"환경을 보전하기 위해 만든 책자에서 베껴놓은 건데 읽어봐라. 쓰레기 줄이는 열가지 방법이다. 아까도 얘기했지만 쓰레기가 줄면 그만큼 땅이 살 수 있지. 땅에도 생명이 있거든."

"땅에 생명이 있다구요?"

아이들은 의아해서 물었습니다.

"땅이 살아 있어야만 나무가 살 수 있지 않겠니? 땅은 쉬지 않고 숨을 쉰단다. 자세한 이야기는 다음에 해주마. 천리길도 한 걸음 부터라는 말도 있잖니?"

빗자루 할아버지는 싸리 빗자루를 들고 천천히 놀이터를 빠져나갔습니다.

동수와 기영이와 연이는 고개를 갸웃하고는 할아버지가 나누어준 종이에 적힌 글을 읽어 보았습니다.

〈쓰레기를 줄이는 열가지 방법〉

1. 쓰레기는 반드시 분리해서 내 놓는다.
2. 시장에 갈 때는 장바구니를 들고 다닌다.
3. 샴푸, 세제 들은 리필제품을 사용한다.
4. 일회용품은 되도록 사용하지 않는다.
5. 선물포장은 간단하게 한다.
6. 음식물은 먹을 만큼만 만들고 찌꺼기는 물기를 꼭 짜서 버린다.
7. 옷과 장난감은 이웃과 서로 나누어 사용한다.
8. 고장이 난 물건은 수리해서 사용한다.
9. 종이는 뒷면도 다시 사용한다.
10. 재활용 표시가 있는 제품을 사용한다.

땅의 숨소리가 들린다

“동수야! 엄마 심부름 좀 다녀오겠니?”

일요일마다 밀린 빨래를 하는 동수 엄마는 베란다에 젖은 빨래를 널며 동수를 불렀습니다.

“무슨 심부름인데요?”

“슈퍼에 다녀오라구. 근데 그 상자는 뭐니?”

“내가 안 쓰는 장난감들이에요.”

동수는 거실 바닥에 상자를 내려놓았습니다.

“이거 보람이 갖고 놀라고 이모집에 갖다주세요. 이젠 전 필요 없으니까요.”

“아니 동수가 웬일이야? 주랄 때는 싫다고 하더니만.”

엄마가 거실로 들어왔습니다.

"서로 나눠 써야죠. 그냥 뒀다가 버리게 되면 땅에 묻힐텐데 이런 플라스틱은 잘 썩지 않아서 땅이 아파하잖아요."

동수의 의젓한 말에 엄마는 놀라서 입을 딱 벌렸습니다.

"돈 주세요. 슈퍼에 다녀올게요."

"그, 그래."

엄마는 식품 이름을 쓴 쪽지와 돈을 건네주었습니다.

"아빠 운동하고 돌아오시면 점심에 칼국수 해먹자."

"네. 참, 장바구니 하나 주세요."

"장바구니는 왜?"

"비닐봉투도 땅을 괴롭히거든요. 엄마도 이제 슈퍼에 갈 때는 꼭 장바구니 들고 가세요. 알았죠?"

엄마는 엄마를 올려다보는 동수의 맑은 눈을 보고 빙그레 웃으며 키를 맞추었습니다.

"솔직히 말해서 엄마가 부끄러운데? 엄마는 썩지 않는 비닐 봉투가 환경을 오염시킨다는 사실을 알면서도, 간

편하다는 이유만으로 장바구니를 들고 다니지 않았는데 이젠 반성할게. 동수 말대로 꼭 장바구니를 들고 다닐게."

엄마는 대견한 듯 동수의 머리를 쓰다듬어 주었습니다. 그리고 주방 싱크대 서랍에 넣어두었던 헝겊 장바구니를 꺼내 동수의 손에 쥐어주었습니다.

"그럼, 다녀올게요."

동수는 신이나서 현관문을 뛰어 나갔습니다.

"엄마, 남지 않게 알맞게 만드셔야 해요. 그래야 음식에서 나오는 쓰레기를 줄일 수 있으니까요."

"엄마도 그 정도는 잘 알고 있어요."

엄마는 동수의 코를 살짝 잡았다 놓아주었습니다.

"동수 너 음식물 쓰레기가 전체 쓰레기의 몇 퍼센트나 되는 줄 아니?"

"그건, 잘 모르겠는데……."

동수는 뒷머리를 긁적거렸습니다.

"30퍼센트도 넘는단다. 그리고 한 사람당 버리는 음식물 쓰레기가 외국에 비해 두배나 된데. 네 식구를 기준해서 버리는 음식물 쓰레기가 평균 10톤이라면 동수는 얼마 만큼인지 상상을 할 수 있겠니? 이건 환경을 오염시키는 일도 되겠지만 자원을 낭비하는 일도 되지."

"이젠 저도 밥을 남기거나 하는 일은 하지 않을게요."

"잘 생각했다. 일은 작은 것에서부터 실천하는 것이 중요하지."

목욕탕에서 샤워를 하고 나온 아빠는 엄마와 동수가 나눈 이야기를 엿들은 듯 식탁 의자에 앉으며 말했습니다.

"비단 쓰레기뿐만 아니라 폐수나 공해는 지금 생태계까지 망치고 있단다."

"생태계요? 그게 뭔데요?"

"쉽게 말해서 살아있는 생물이 주위의 환경과 서로 의지하면서 균형과 조화를 이루며 생활하는 모습이라고 할 수 있지. 나무를 예로 들어볼까? 대기오염과 산성비로 나무들이 몸살을 앓고 있다는건 동수도 알고 있지?"

"네."

"나뭇잎들이 누렇게 시들고 약해져서 병충해를 이기지 못하고 있단다. 이건 나무들을 마구 베어버리는 것과 같이 나무들이 죽어 버림으로써, 산사태나 홍수가 일어나 깨끗한 환경을 지키지 못한 사람들이 곧바로 피

해를 본단다."

"그러니까 나무와 사람은 친구처럼 서로 다정하게 살아야 되겠네요."

"그렇지."

아빠는 동수의 어깨를 꼭 감싸주었습니다.

"칼국수 다 불어버리겠네. 딱 세 그릇 했으니까 조금이라도 남기면 안됩니다."

엄마는 칼국수 그릇을 식탁으로 옮겼습니다.

이 때 전화벨이 울렸습니다.

"제가 받을께요."

동수가 거실로 달려가 전화를 받았습니다.

"여보세요? 동수네 집입니다."

"동수냐? 빗자루 할아버진데 비상 연락이다. 기영이와 연이한테 연락해서 두시까지 놀이터로 모이도록 해라. 알았지?"

"네."

동수는 빗자루 할아버지와 전화를 끊고 기영이한테 전화를 했습니다.

"빗자루 할아버지 비상 연락이라구?"

"두시, 놀이터 앞이다."

"오케이!"

"연이한테는 너가 하는 거 알지?"

"그럼."

기영이는 자기가 밥을 먹기 전에 누렁이에게 먼저 밥을 갖다주어야 한다면서 투덜거리며 전화를 끊었습니다.

이제 동수는 빗자루 할아버지를 만나는 것이 즐거웠습니다.

깨끗이 그릇을 비운 동수는 수첩과 연필을 들고 밖으로 나갔습니다. 일찍 나온 동수는 수첩에 다시 보이는 생물 이름을 하나씩 적어 보았습니다. 오랫동안 하늘도 바라보고 나무도 껴안아 보았습니다. 꽃의 향기와 보드라운 꽃잎도 만져 보았습니다.

동수가 놀이터에 도착했을 때 기영이와 연이는 벌써 나와서 동수를 기다리고 있었습니다.

"5분이나 늦었잖아? 약속은 지키라고 있는거다."

연이가 동수에게 퉁바리를 주었습니다.

"미안해. 다음엔 10분 일찍 나와 있을께. 용서해 주는 거지?"

동수는 연이에게 익살궂게 표정을 지어보였습니다.

"다행히 집에들 있었구나. 이쪽으로 따라오너라."

빗자루 할아버지는 곧장 아이들을 데리고 할아버지가 사시고 있는 아파트 3동 화단으로 갔습니다. 화단에는 크기와 색깔이 다른 키작은 장미들이 활짝 피어 있었습니다. 아이들은 할아버지가 왜 자기들을 이쪽으로 데리고 왔는지 어리둥절했습니다.

빗자루 할아버지는 한쪽 무릎을 땅에 딛고 손으로 흙을 한켜 훔쳤습니다.

"이것들 봐라."

아이들은 뭔가 하고 몸을 낮추었습니다. 연이는 대뜸 징그러워서 이맛살을 찌푸렸습니다.

"지렁이네."

물기가 스며있는 흙속에 빨간 지렁이가 꿈틀거리고 있었습니다.

"이것이 바로 흙이 살아있다는 증거가 된단다."

빗자루 할아버지는 한줌의 흙을 오른손에 들고 자리에서 일어섰습니다. 그리고 주머니에서 흙이 담긴 비닐봉지 하나를 꺼내었습니다.

"자, 할아버지 손에 든 흙은 음식물 찌꺼기를 이용해 만든 유기성 퇴비를 주어 만든 땅의 것이고, 이 비닐봉지에 담긴 것은 농약을 사용하고 화학비료를 이용해 농사를 짓고 있는 땅에서 가져온 흙이다. 기영이는 봉지에 담긴 흙을 할아버지 왼손에 부어주겠니?"

"네."

기영이는 할아버지가 시키신대로 봉지의 흙을 한 줌 덜어 할아버지의 왼손에 놓았습니다.

"자, 양손에 있는 흙을 잘 만져보고 눈으로도 확인해 봐라."

동수와 기영이와 연이는 서로 다른 흙을 눈으로 보고 손끝으로도 만져보았습니다. 별다르게 다른 점을 찾아 볼 수가 없었습니다.

"잘 모르겠어요."

동수는 고개를 갸우뚱하며 말했습니다.

"하지만 지렁이가 살고 있는 흙은 땅을 기름지게 해서 식물을 튼튼하고 잘 자라게 하지만 봉지의 흙은 겉으로 보기와는 다르게 식물을 약하게 하고 병에 걸려 해충의 피해를 이기지 못하게 한단다. 곡식이나 열매를 거두어도 쉽게 썩어버리고 향이나 맛도 나쁘지."

"결국 생태계가 파괴되는 거죠?"

동수는 아빠에게서 들은 낱말을 끄집어내며 어깨를 으쓱거렸습니다.

"와아, 동수는 아는 것도 많다."

기영이와 연이는 놀란 눈으로 동수를 쳐다보았습니다.

"그렇지. 망가진 땅에서 수확한 농작물들은 사람에게 피해를 주게 된단다. 농약을 뿌린 채소가 우리 몸에 들어가는 것이니까."

"그럼, 좋은 땅과 나쁜 땅은 어떻게 달라요?"

연이가 물었습니다.

"아주 좋은 질문을 했구나. 좋은 땅은 여기 화단의 흙처럼 굵은 흙 알갱이와 가는 알갱이가 적당히 섞여서 물과 공기가 잘 통하고 흙속에 물을 적당히 유지하는 땅이란다. 그리고 우리들 눈에는 보이지 않지만 토양미생물이 살고 있지."

"토양미생물은 흙속에서 무엇을 하는데요?"

"종류에 따라 여러 가지 일을 하는데, 식물이 풍부하게 영양소를 흡수하도록 도와준단다. 그러나 농약과 화학비료가 뿌려진 나쁜땅에서는 토양미생물이 죽기 때문에 균형을 잃게 되고, 흙 알갱이들은 서로 뭉쳐서 물과 공기가 잘 통하지 못한단다."

아이들은 다시 빗자루 할아버지의 양손에 든 흙을 내

려다보았습니다.

"사람들에게서 잊혀지고 있는 일이다만 얼마전에 서울의 남산과 울산에서 공해에 찌들고 오염된 땅에서만 잘 자란다는 자리공이라는 식물이 발견되어 소동이 난 적이 있었지. 자리공은 미국에서 자라는 식물인데 우리

나라에서 발견됐다는 건 그만큼 우리의 땅과 하늘이 어떤 지경인지 알 수 있는 거였단다."

"우리의 땅은 우리가 지킬 거에요."

"저도 환경을 보호하기 위해 어린이 환경파수꾼이 될래요."

동수와 기영이가 힘주어 말했습니다.

"그래서 땅에도 생명이 있고, 숨을 쉰다고 말하는 거란다."

연이는 화단 앞에 쭈그리고 앉아 지렁이를 내려다보았습니다. 땅의 숨소리가 저절로 느껴지는 것만 같았습니다.

대머리가 되면 어쩌지

아침부터 내린 비는 오후가 되어도 그치지 않았습니다.

동수는 거실에 앉아 동화책을 읽다가 베란다에 창문에 줄을 그으며 내리는 빗물을 쳐다보았습니다.

"학교 갔다오면 집에서 숙제하고 놀고 있어. 괜히 비 맞고 다니지 말고."

동수 엄마는 아침 7시 뉴스에서 산성비 이야기를 듣고 동수에게 당부했습니다.

"에이 심심해. 숙제도 다 하고 할 일이 있어야지."

동수는 네 활개를 활짝 펴고 거실 바닥에 드러누웠습

니다.

이 때 전화벨이 울렸습니다.

"나야, 기영이. 뭐하냐?"

"그냥 있어."

"심심하지? 우리 공놀이할래?"

"안 돼. 밖에 비오잖아. 더욱이 산성비란 말야."

"왜, 머리털 다 빠져서 대머리될까봐 걱정이니?"

"지금 누구 놀리는 거야?"

"우산 쓰고 하면 되잖아. 장화 신고 우산 쓰고 너네 아파트 공원으로 나와. 공은 내가 가지고 갈께. 그럼, 끊는다."

동수는 신장으로 가서 장화를 꺼내 신고 우산을 들고 밖으로 나갔습니다.

동수의 노란 우산 위로 타닥타닥 빗물이 떨어졌습니다. 동수는 일부러 빗물이 괸 쪽으로 가서 첨벙첨벙 발장난을 하며 공터로 갔습니다.

작은 공원을 휴일 날 배드민턴이나 농구를 하는 사람들을 위해 아파트 단지 안에 만들어 놓은 곳이었습니다.

동수는 텅빈 공원 흙바닥 위에 신발도장을 찍으며 신나게 뛰어다녔습니다.

"빨리 안 가? 왜 자꾸 나만 따라오는 거야? 누나는 안 따라가면서."

기영이의 화난 목소리에 동수는 돌아보았습니다. 기영이는 서너발짝 뒤에서 졸래졸래 쫓아오는 누렁이를 쫓고 있었습니다. 누렁이는 비에 홀딱 젖어 털이 찰싹 붙어 있었습니다. 그 바람에 불룩한 배가 더 나와 보였습니다.

"아무래도 누렁이는 너가 너무 좋은가 보다."

동수는 놀리듯 말했습니다.

"집에서 여기까지 오면서 누렁이랑 씨름하다가 이젠 공 찰 기운도 없어졌어."

기영이는 동수에게 축구공을 던져주었습니다. 누렁이가 달려가 축구공을 가지고 장난을 부렸습니다.

"내가 이럴 줄 알았어. 내가 너보고 갖고 놀라는 거냐?"

기영이는 축구공을 집어 들었습니다.

"집에 묶어두고 오지 그랬어?"

"안돼 그건. 개라고 묶어둔다는 건 너무 불쌍하잖아."

"어쭈! 똥개라고 싫어할 땐 언제고……."

"아무튼 일 미터 안에서 왔다갔다만 하게 할 순 없어. 얼마나 답답하겠니?"

"옳은 말이야. 까짓 거 셋이서 공놀이 하지 뭐."

동수는 기영이의 손에서 축구공을 빼앗아 발로 찼습니다. 누렁이와 우산을 쓴 동수가 뛰어갔습니다.

"기영아, 받아."

동수가 기영이를 향해서 힘껏 찼습니다. 누렁이가 공을 쫓아서 달려왔습니다.

기영이도 할 수 없는지 공을 받아 찼습니다.

어느 새 우산을 집어던지고 비에 젖은 동수와 기영이는 공놀이에 흠뻑 빠져 있었습니다. 누렁이도 마찬가지였습니다.

기영이가 찬 공이 울타리를 넘어갔습니다. 동수는 공을 집으려 달려갔습니다.

울타리엔 나팔꽃 넝쿨이 있었습니다. 비에 젖은 보라색 꽃은 입을 오므리고 고개를 떨어뜨리고 있었습니다. 그런데 나팔꽃 잎사귀에 군데군데 상처처럼 색깔이 변해 있었습니다.

동수는 공을 주워들며 나팔꽃을 주의깊게 들여다보았습니다. 누렁이는 공을 기다리는 듯 동수의 다리 사이를 왔다갔다 했습니다.

"뭐해? 빨리 차지 않고?"

"기영아! 이리 와봐."

동수가 기영이에게 손짓을 했습니다.

"뭔데 그래?"

"이 나팔꽃 잎사귀 이상하지 않니?"

"글쎄. 시들었나 보지."

"아냐. 지금은 한창 나팔꽃이 피고 지는 땐데 벌써 잎사귀가 시들었겠니?"

동수는 심하게 색깔이 변한 잎사귀를 여러개 땄습니다.

"뭐하려고?"

"빗자루 할아버지에게 보일려고. 내가 언제 백과사전에서 봤는데 산성비를 맞으면 식물의 색깔이 변한다고 했거든. 아무래도 그거 같아."

"아차! 산성비."

기영이의 소리에 그동안 우산도 쓰지 않고 비를 홀딱

맞았다는 것을 깨달았습니다.

동수와 기영이는 서둘러 던져둔 우산을 찾아 머리에 썼습니다.

"어쩌지? 엄마가 아시면 야단하실 텐데……."

동수는 비에 흠뻑 젖은 머리카락을 툴툴 털어내며 걱정을 했습니다.

"뭐 한번 맞았다고 대머리되겠니? 옛날에는 빗물도 받아먹었다는데 삼천리 금수강산이 어떻게 이렇게 됐는지 원. 쯧쯧쯧!"

기영이는 어른의 말투를 흉내내며 혀까지 찼습니다.

"근데 누렁이는 어쩌지? 저 털이 다 빠진다고 생각해 봐."

동수의 심각한 말투에 기영이는 느닷없이 키득키득 웃기 시작했습니다.

"어쩌긴 어쩌니? 털없는 똥개지."

"뭐? 털없는 똥개라구?"

동수도 털이 없는 개들이 거리를 지나다니는 모습을 머릿속에 떠올리고는 까르르 웃어댔습니다.

누렁이는 꼬리를 흔들며 고개를 갸우뚱하고 동수와 기영이를 멀뚱히 쳐다보기만 했습니다.

빗자루 할아버지는 동수가 건네준 나팔꽃 잎사귀를 받아들었습니다.

"글쎄다. 산성비 때문에 농작물의 피해가 갈수록 커간다는 소리는 들었다만 이건 산성비 때문이라기보다는 해충의 피해를 입은 것 같구나. 이젠 동수와 기영이가 환경에 대한 관심이 대단한 걸?"

할아버지는 동수와 기영이를 대견하게 생각했습니다.

"이왕 이야기가 나왔으니 산성비에 대해 말해주마. 대기오염으로 인한 산성비 또한 생태계를 병들게 하고 있단다. 하나의 예로 스위스에 있는 알프스 산악지대의 훼손을 들 수 있는데…… 잠시만 기다리거라. 내가 스크랩 해둔 노트를 가져오마."

빗자루 할아버지는 방으로 들어갔습니다.

"비도 오는데 누렁이가 집에 잘 갔을까?"

수건으로 머리를 닦던 동수가 걱정이 되어 물었습니다.

"문제없어. 우리보다 이 동네 지리를 더 잘 알 걸?"

빗자루 할아버지는 한 개의 파일을 가지고 나왔습니다.

"여기 이 그림을 좀 보겠니? 여기 두 그루의 나무를 비교해 보면 서로 다른점을 정확히 알 수 있을 거다. 왼쪽 나무는 잎사귀들이 무성한데 반해 오른쪽 나무는 구멍이 뻥뻥 뚫린 것처럼 가지 사이로 하늘이 훤히 다 보이지?"

"네."

"오른쪽 나무는 산성비로 인해 피해를 입은 나무지."

동수와 기영이는 고개를 끄덕였습니다.

"지금 알프스는 대기오염과 산성비 때문에 심한 몸살을 앓고 있단다. 고속도로를 질주하며 자동차들이 내뿜는 매연과 독일, 프랑스, 이탈리아 등 근처 공업국가에서 날아온 오염물질이 스위스의 산림을 파괴하고 있다는 거다. 이건 곧 지구의 모든 나라가 힘을 합쳐야만 깨끗한 환경을 가질 수 있다는 가르침이 될 게다."

"……."

"알프스의 산림은 점점 피해가 확대되고 있는데 허약해진 나무들은 나빠질대로 나빠진 기후를 견뎌내지 못하고 나뭇잎들이 누렇게 시들어가며 병들어 가고 있다는 구나. 그래 강풍으로 뿌리채 뽑힌 나무들이나 병에 걸린 나무들은 베어버려야만 했단다."

"그럼, 이젠 하이디가 살았던 알프스 산은 없어지는 건가요?"

기영이가 물었습니다.

"동화책에 나오는 그 소녀를 말하는 거구나. 사실 그렇지는 않아. 산이 훼손된 이유가 산성비와 대기오염 때문이라는 것을 알았으니 치료도 할 수 있을 게다. 대신 망치는 건 쉬워도 회복을 시키려면 인내와 끈기를 가지고 오랫동안 노력을 해야 한단다. 그것마저 포기한다면 아름다운 자연은 다시 우리에게 돌아오지 않게 되지."

"갑자기 충치 생각이 나요. 엄마가 그러시는데 이에 충치가 생겼을 땐 얼른 치과에 가서 치료를 받아야 된다고 했어요. 상한 것을 알고도 병원에 가기 싫어서 꾸

물거리면 나중에 잇뿌리까지 뽑아야 한대요. 뿌리까지 뽑지 않고 치료를 받을 수 있는 건 다행으로 생각해야 한다고 말씀하셨어요."

동수가 말했습니다.

"그래 맞는 말씀이시구나."

빗자루 할아버지는 동수의 머리를 쓰다듬었습니다.

"으악, 그러면 동수 너 이에 벌레 생겼냐? 어디?"

기영이는 동수의 입안을 들여다보려고 팔을 뻗었습니다.

"아냐, 치과에 가서 깨끗하게 고쳤어. 자, 봐라 봐."

동수는 아예 입을 하마처럼 크게 벌려주었습니다.

"음, 잘 고쳤긴 고쳤는데 하얀 이보다는 은색아말감 자리가 보기에 좋지는 않은데?"

"쳇! 그럼, 너는?"

"나야…… 너랑 마찬가지로 땜질자리 투성이지 뭐. 히히히!"

기영이는 멋쩍게 웃으며 머리를 긁적였습니다.

빗자루 할아버지와 동수는 큰 소리를 내어 웃었습니다.

"그럼, 우리나라에서 산성비로 일어났던 한 피해를 보여주마. 이건 3년 전쯤에 일어났던 일인데 사람들에게 큰 충격을 주었단다."

할아버지는 파일을 뒤적거리더니 자동차들이 다니는 고가도로의 사진을 보여주었습니다. 그림 위에는〈삼일고가도로 '시멘트 고드름' 충격〉이라는 큰 글자가 박혀 있었습니다.

"여기 고가도로 가장자리 부분을 보면 겨울에 눈이 녹아서 처마밑에 줄줄이 붙은 고드름처럼 생긴 것이 보이지?"

"네."

"이건 시멘트가 산성비에 조금씩 조금씩 녹아서 흘러내린 것인데 마치 고드름 모양을 하고 있어서 시멘트 고드름이라는 이름이 붙은 모양이다."

"산성비가 시멘트를 녹였다는 것이 믿어지지가 않아요."

동수와 기영이는 고개를 저었습니다.

"이 시멘트 고드름이 발견된 곳은 서울도심의 청계천이란다. 우리 서울의 대기오염이 그만큼 심각하다는 뜻이겠지. 이 부분을 읽어보렴."

빗자루 할아버지는 손가락으로 한 귀퉁이를 가리켜주었습니다.

"2, 3㎝에서 길게는 20㎝길이의 시멘트 고드름이 수십개 발견됐다. 시멘트 고드름중 일부는 차량매연으로 시꺼멓게 변색돼있었으며, 길이가 긴 고드름은 비교적 흰색을 띠고 있었다."

동수와 기영이는 소리내어 똑같이 읽었습니다.

"서울의 땅은 넓어질 수가 없는데 차들은 계속 늘어나는 형편이니…… 나라에서는 대기오염을 줄이기 위해 여러 가지 캠페인을 벌이고 있다만 언젠가는 서울에 풀 한 포기 남지 않을까 걱정스럽구나."

"첫째, 자동차 정비를 철저히 한다."

동수가 큰소리로 말했습니다.

"둘째, 대중교통을 이용한다."

이번에는 기영이가 날아오는 공을 받듯 말했습니다.

"셋째, 방향이 같은 사람끼리 자동차를 함께 탄다."

"넷째, 쓰레기를 함부로 태우지 않는다."

"기영아, 그건 자동차와 상관없는 거잖아."

"상관은 없어도 깨끗한 공기를 지킬 수 있는 한 방법이잖아."

"잘들 알고 있구나. 그 정도면 동수와 기영이는 100점이다, 100점."

빗자루 할아버지는 동수와 기영이의 등을 탁! 쳤습니다.

"참, 이번 일요일에 도시락을 가지고 가까운 시골에

나가보는 건 어떻겠니?"

"시골이요? 전 좋아요."

"저도요."

동수와 기영이는 벌써부터 엉덩이가 들썩거렸습니다.

이 때 초인종이 울리며 연이의 목소리가 들려왔습니다.

"할아버지! 저 연이에요."

"연이가 온 모양이로구나."

빗자루 할아버지는 자리에서 일어나 현관으로 갔습니다.

"이거 큰일났다. 자기만 빼놓고 빗자루 할아버지댁에 온 걸 알면 우릴 가만두지 않을텐데……."

기영이는 얼른 거실에 있는 안락의자 뒤에 몸을 숨겼습니다.

"너만 숨으면 어떻게?"

동수도 기영이의 옆으로 바짝 붙었습니다.

"우리가 여기 있다는걸 할아버지가 말씀하시면 어떡하지……."

동수와 기영이는 마음이 조마조마했습니다.

"엄마가 부추빈대떡을 하셨는데 할아버지 갖다드리라고 싸주셨어요."

"아주 먹음직스럽구나. 엄마께 감사히 받았다고 말씀드려라."

"네."

"잠깐 들어와 놀다가겠니?"

"그래도 돼요?"

"그럼"

빗자루 할아버지와 연이가 거실로 오는 소리가 들렸습니다.

"우린 이제 끝장이다."

기영이의 말이 떨어지자마자 할아버지가 불렀습니다.

"동수야! 기영아! 얘들이 어디로 갔나?"

그래도 동수와 기영이는 옴싹달싹 하지 않았습니다.

"쳇! 내가 모를 줄 알고? 숨으려면 신발도 숨겨야지. 치사하게 자기들끼리만 오고 니들 마음 이제 다 알았다 알았어."

연이의 새침한 목소리가 동수와 기영이의 귀로 쏙쏙 들어와 박혔습니다.

"미안해, 연이야. 사실 그게 아니라……."

동수와 기영이는 안락의자 뒤에서 일어섰습니다. 공원에서 공놀이를 하다가 이상한 나팔꽃을 발견하게 됐다는 이야기부터 횡설수설 늘어놓았습니다.

"됐어, 됐어. 나도 이젠 너희들하고 놀지 않을 거야."

연이는 팔짱을 끼고 돌아섰습니다.

"좋아. 이번 일요일에 빗자루 할아버지 따라서 시골에 가기로 했는데, 넌 우리랑 놀지 않을 거니까 거기도 못 가겠네."

기영이가 능청을 부렸습니다.

"뭐? 시골에 간다고? 할아버지 정말이에요?"

연이는 귀가 번쩍 띄어 할아버지에게 물었습니다. 할아버지는 고개를 끄덕였습니다.

"그렇담, 내가 왜 안 가니? 너희들이 가지 말아야지."

"우린 할아버지와 이미 약속했는 걸?"

"아무래도 이번엔 연이가 져야겠다. 그래야 우리 넷이서 즐겁게 시골에 갈 테니까."

할아버지는 방긋 입가에 미소를 물었습니다.

"……그럼, 이번만 용서할게요. 동수하고 기영이 또 나만 빼돌리면 그땐 정말 너희들 하고 놀지 않을 꺼야."

"알겠습니다. 대왕대비마마."

기영이는 연이 앞에 한쪽 무릎을 꿇고 신하처럼 꾸벅 고개를 숙였습니다.

“대왕대비마마면 내가 할머니냐? 공주면 몰라도.”

“그럼, 공주마마.”

기영이가 다시 고개를 꾸벅 숙이자 연이가 활짝 웃었습니다.

“자, 지금부터 부추빈대떡 잔치다.”

빗자루 할아버지의 말씀에 아이들은 주방으로 몰려갔습니다. 비오는 날 초간장에 찍어먹는 빈대떡 맛은 아주 꿀맛이었습니다.

토종풀꽃이 쫓겨나는 건 싫어

기영이는 내일 빗자루 할아버지를 따라 시골에 가서 먹을 과자를 골랐습니다.

"뭐하러 이렇게 낱개마다 포장을 해두지? 한꺼번에 해도 맛만 있으면 사먹을 텐데……."

과자 한개마다 따로따로 포장을 하고 또 플라스틱 그릇에 담아 종이 상자에 넣어 진열되어 있는 과자들이 한심하게 보였습니다.

"이런 건 우리 어린이들이 앞장서서 사먹지 말아야 돼. 이게 다 낭비고 쓰레기가 되서 땅을 오염시킨다는 사실도 이 회사 사장은 모르나 보지? 이 회사에서 나오는 과자는 사먹지 말라고 우리 반 아이들한테 광고해야지."

기영이는 혼자서 중얼거렸습니다.

"기영아!"

누군가 뒤에서 기영이의 어깨를 툭 쳤습니다. 동수였습니다.

"과자 사러왔니?"

"응. 내일 놀러가서 먹으려고. 근데 이 과자들 포장한 것 좀 봐봐. 우리 엄마가 그러시는데 포장이 화려할수록 알맹이도 안 좋고 값만 비싸진다고 했어. 내가 사장이라면 포장하려고 애쓰지 않고 과자나 왕창 넣어주겠다."

"옳으신 말씀!"

동수도 맞장구를 쳤습니다.

"근데 동수 너는 어쩐 일이니?"

"오늘 엄마가 늦으신데. 그래서 대신 이렇게 김밥 재료 사러 나온 거야."

동수는 장바구니를 들어보였습니다.

"그럼, 가자. 나도 다 골랐으니까."

동수와 기영이는 값을 치르고 슈퍼마켓을 나왔습니다.

"근데 똥개가 어디 갔지?"

기영이는 주위를 두리번거렸습니다.

"누렁이랑 같이 왔니?"

"같이 오긴. 지가 따라왔지. 여기 꼼짝 않고 있을 텐데……."

"집으로 갔거나 어디 딴데로 갔겠지."

"아냐. 우리집 똥개는 주인이 나올 때까지 밖에서 기다린단 말야. 똥개야!"

기영이는 누렁이를 부르며 슈퍼 앞 여기저기를 기웃거렸습니다.

이 때 어딘가에서 개 짖는 소리가 들렸습니다.

"기영아, 슈퍼 뒤쪽에서 무슨 소리가 나는 것같아."

동수의 말에 기영이는 총알같이 달려갔습니다.

슈퍼에서 나오는 빈 상자나 병들을 쌓아놓는 그곳에 작업복 차림의 젊은 아저씨 한 명이 구석에 몰린 누렁이에게 조금씩 다가서고 있었습니다.

누렁이는 하얀 이빨을 내보이며 으르렁거렸습니다.

"똥개야!"

기영이의 목소리에 누렁이는 아저씨를 피해 쏜살같이 달려왔습니다. 기영이는 누렁이의 목을 안으며 등을 어루만져주었습니다.

"아저씨 우리 개 훔치려고 한 거죠?"

기영이는 따지듯 물었습니다.

"기영아."

동수는 놀라서 기영이를 말리려고 했지만 소용이 없었습니다.

"아저씨 몰래 길거리에 있는 개 훔쳐다가 팔아먹는 그런 사람이죠?"

아저씨는 어이가 없는 듯 짧게 웃었습니다.

"난 여기 슈퍼에서 일하는 직원이야. 이 개가 덩치가 큰 개한테 쫓겨서 내가 일하는 이곳으로 피해온 거구, 새끼까지 가진 개가 너무 놀란 것 같아서 좀 보려고 했는데 으르렁거리잖아. 큰 개까지 쫓아줬는데 도둑으로 몰고 내게 너무한 거 아니니?"

아저씨는 짐짓 서운한 표정을 지었습니다.

기영이는 아저씨의 이야기를 듣고 어쩔 줄을 몰랐습니다.

"죄송합니다."

"됐다. 어서 데리고 가봐라."

아저씨는 다시 빈 상자를 정리했습니다.

"이 똥개야. 넌 너를 도와준 사람도 몰라보냐?"

기영이는 누렁이의 머리에 세게 알밤을 먹였습니다. 살짝 미소를 지었습니다.

"안녕히 계세요."

동수와 기영이는 누렁이를 데리고 그곳을 빠져나왔습니다.

"어떤게 너의 진짜 마음이니?"

동수가 물었습니다.

"뭐가?"

"누렁이를 좋아하는 거야? 아니면 싫어하는거야?"

"당연히 싫어하지. 이 똥개가 나를 얼마나 귀찮게 하는 지 너도 잘 알잖아. 생선대가리 얻어야지. 내가 밥먹기 전에 밥 챙겨서 나만 졸졸 쫓아다니지, 그것 뿐이냐?"

"그럼 아깐 왜 그랬어?"

"뭘?"

"누렁이가 없어지면 신날 텐데, 눈에 불꽃이 팍팍팍! 튀겼잖아. 그리고 난 네가 그렇게 달리기를 잘 하는지 처음 알았는 걸?"

"그야…… 잃어버리면 엄마한테 혼나니까 그렇지. 우리 이제 그만 집에 가자. 내일 만나자."

기영이는 흐지부지 말을 끝내고 손을 흔들며 뛰어갔습니다. 누렁이도 달려갔습니다.

"만약 누렁이가 없어지면 펑펑 울거면서……."

동수가 멀어져 가는 기영이와 누렁이를 보며 중얼거렸습니다.

한 시간 남짓 버스를 타고 온 시골은 공기가 상쾌했습니다. 산들바람이 이마에 시원하게 닿았습니다.

마을 입구에는 커다란 정자나무가 정승처럼 버티고 서 있었습니다.

파란 논에는 농부 아저씨가 바지를 걷어올리고 피를 뽑고 있었습니다.

빗자루 할아버지의 싸리 빗자루를 바로 세워놓은 듯한 미루나무가 바람이 불때마다 셀로판지처럼 반짝거렸습니다.

"음-! 공기 참 좋다."

연이는 양팔을 뻗고 시골 공기를 흠뻑 들이 마셨습니다.

"저쪽 길로 가자."

할아버지는 낯익은 길인 듯 아이들을 데리고 앞장서 갔습니다.

"여기서 멀지 않은 곳에 야산이 있는데 그 쪽에 가면 마을이 한 눈에 다 보인단다. 야산치고는 좀 높은 곳이지. 봄이면 진달래와 개나리가 곱게 마을을 물들이고 가을이 되면 빨갛게 익어가는 감이며 고추 때문에 빨간 꽃마을이 되는 것을 볼 수 있지."

"지금처럼 여름이면요?"

기영이는 한 발 내디뎌 할아버지 옆으로 다가서며 물

었습니다.

"말해주는 것보다는 직접 눈으로 보는 게 훨씬 좋을게다."

아이들은 하늘에 떠있는 구름마냥 부글부글 설레임으로 가슴이 부풀어 올랐습니다.

방죽 둑길이 보였습니다.

"방죽을 지나 저 모퉁이만 돌면 야산이란다."

빗자루 할아버지는 손으로 모퉁이를 가리켰습니다.

잔잔히 잔물결이 일고 있는 방죽 위로 한 줄로 걸어가고 있는 빗자루 할아버지와 아이들의 모습이 거울처럼 비추어졌습니다.

야산으로 올라가는 길에는 작은 오솔길이 나있었습니다.

아이들은 길섶의 풀을 뽑아 서로 코끝을 건드리며 까르르 소리내어 웃었습니다.

길섶 안쪽 양지바른 곳에는 백합같이 생긴 주황빛 나리꽃이 흔들흔들 고개를 끄덕이고 인사했습니다.

얼마쯤 걸어가자 새끼줄과 색색의 천으로 만들어진 줄

이 한 나무에 둘러쳐져 있었습니다.그리고 그 앞에는 작은 돌로 쌓은 돌탑이 여기저기 세워져 있었습니다.

빗자루 할아버지는 가던 길을 멈추고 작은 돌을 주워 한 돌탑 위에 올렸습니다. 그리고 두손을 모아 고개를 숙였습니다.

"이건 옛부터 내려온 민간신앙이라는 건데, 옛날 어른들은 바라는 일이 있으면 이렇게 돌을 쌓고 소원을 빌었단다."

"그럼, 소원이 이루어져요?"

연이는 의심이 가는 듯 물었습니다.

"글쎄다. 지금까지 이어져온 걸 보면 틀림없겠지. 할아버지도 여기다 돌을 쌓고 소원을 이룬 적이 있었으니까."

"정말요?"

아이들은 저마다 납작하고 잘 생긴 돌을 찾아 돌탑을 한 계단 더 쌓아올렸습니다. 그리고는 두손을 모르고 마음속으로 소원을 빌었습니다.

"뭐라고들 빌었니?"

"비밀이에요."

빗자루 할아버지는 아이들의 대답에 소리내어 웃으며 다시 산을 올라갔습니다.

산꼭대기에 다다르자 시원한 바람이 머리카락을 헝클어뜨렸습니다. 아이들은 제일 먼저 여름에는 마을이 어떤 모습일까? 궁금했습니다.

마을은 마음까지 탁 트이는 온통 녹색이었습니다. 나무도 논도 들판도 다 푸르렀습니다.

"이 아름다운 모습이 언제까지나 너희들 마음에 남아 있었으면 좋겠구나."

아이들은 그제서야 빗자루 할아버지가 자기들을 여기까지 데려온 까닭을 알 수 있었습니다.

"어렸을 때 자연을 경험해서 잊지 말아야 어른이 되어서 지킬 수가 있는 거란다."

빗자루 할아버지와 아이들은 푸른 마을을 끝없이 바라보았습니다.

그때였습니다.

"아니. 황선생님 아니십니까?"

누군가의 소리에 빗자루 할아버지는 돌아보더니 금세 놀랍고 반가운 표정을 지었습니다.

"김선생님을 여기서 만나다니 정말 반갑습니다."

빗자루 할아버지와 목에 카메라를 건 김선생님이라는 분은 서로 다가가 악수를 했습니다.

"근데 김선생님께서 여기는 어쩐 일이십니까?"

"여기가 제 고향 아닙니까? 지금은 고향을 떠나서 도시에 살고 있습니다만 이렇게 종종 고향이 그리울 때면 찾곤 합니다."

"이곳저곳 산천을 찾아 돌아다니시는 김선생님이야말로 우리나라 땅이 다 고향 아니었습니까?"

"하지만 사람이 어디 그렇습니까? 자기가 태어난 곳은 언제나 어머니 품속처럼 따뜻해서 찾기 마련인가 봅니다. 그나저나 황선생님은 어쩐 일이십니까?"

"마음이 답답하면 자주 찾는 곳이랍니다. 여기가 김선생님의 고향이시라니 더욱 정이 가는데요?"

빗자루 할아버지와 김선생님은 잡은 손을 놓지 않고 함께 마을을 바라보았습니다. 김선생님은 빗자루 할아버지보다 훨씬 젊었지만 두 분은 다정한 친구사이 같았습니다.

"참, 인사 드려라. 우리나라 토종풀꽃을 연구하시는 김덕진 선생님이시란다."

"안녕하세요?"

동수와 기영이와 연이가 인사했습니다.

“반갑다.”

“환경에 대해 저와 함께 공부하는 동네 친구들이랍니다. 함께 나들이를 나왔는데 아이들에게 좋은 말씀 좀 해주십시요.”

김선생님은 기특한 듯 아이들을 다시 쳐다보았습니다.

“저쪽 나무 그늘로 자리를 옮길까요?”

빗자루 할아버지를 따라 모두 나무 그늘을 찾아들었습니다. 기영이가 잽싸게 배낭에서 돗자리를 꺼내 깔았습니다.

“무슨 얘기를 들려주면 좋을까?”

김선생님은 목에서 카메라를 내리며 말했습니다.

“너희들 외래식물이라는 소리를 들어본 적이 있니?”

“외래식물이요?”

아이들은 고개를 저었습니다.

“외래식물이란 우리나라 밖에서 들어온 식물이란 뜻인데, 이 외래식물은 우리나라 토종식물을 밀어내 생태계를 파괴하고 있단다.”

"그래, 남산이나 울산에서 발견됐다는 자리공도 외래식물에 속하는 거죠?"

동수는 전에 빗자루 할아버지에게서 들은 이야기를 기억해 냈습니다.

"잘 알고 있구나. 외래식물이라 해서 다 나쁘다고는

말할 수 없지만 우리나라 토종식물을 밀어내고 생태계를 어지럽히는 건 사실이란다. 하지만 더욱 중요한 것은 이같은 외래식물은 환경오염이 심해 그 나라의 생태계가 위협받고 있을 때 그 틈새를 잘 파고든단다."

아이들은 열심히 귀를 기울였습니다.

"한 가지 예로 아카시아나무를 들 수 있는데, 아카시아나무는 대기오염과 산성화가 된 땅에서도 잘 자랄 수 있기 때문에 참나무 같은 토종나무를 밀어내고 산을 지배해버린단다."

"난 아카시아 하얀 꽃이 예뻐서 좋아했었는데……."

연이는 혼잣말로 중얼거렸습니다.

"아저씨도 우리나라 들꽃을 만나기 위해 전국에 있는 산과 들을 찾아다니는데 외래식물을 종종 발견할 수 있단다. '국립환경연구원'이라는 곳에서 조사한 결과 외래식물이 2백 10여종이나 달하고 있다니 심각하다 할 수 있지."

"그렇게나 많이요?"

아이들은 놀라서 입을 딱 벌렸습니다.

"너희들 봄이면 도시에서도 담장 밑이나 화단에서 노란 민들레를 자주 볼 수 있을 게다. 그 민들레가 토종민들레가 아니라 외래식물인 서양민들레라면 믿을 수 있겠니?"

"처음 아는 사실이에요."

연이가 대답했습니다.

"그렇테지. 이 서양민들레는 토종보다도 꽃을 피우는 기간이 3배나 길고 왕성한 번식력으로 이미 토종민들레를 밀어내버렸단다. 달맞이꽃, 코스모스, 토끼풀 등도 마찬가지지."

빗자루 할아버지는 계속 굳은 표정을 짓고 있었습니다.

"그뿐만 아니라 외래식물 중에는 사람에게까지 해를 끼치는 것이 있는데 돼지풀, 양미역취 같은 것은 피부 알레르기나 비염을 일으킨단다. 더군다나 일본에서 들어온 이 양미역취는 뿌리에서 화학물질까지 내보내 다른 식물을 못살게 구는 고약한 외래식물이지. 이 모든 것들이 토종식물을 밀어내고 생태계를 파괴한단다."

"그럼, 어떻게 하면 다시 외래식물을 몰아 낼 수 있어요?"

기영이가 물었습니다.

"이미 이 외래식물은 우리 땅에 터를 잡아 버렸단다. 하지만 앞으로 환경을 깨끗이 지킨다면 외래식물의 침 입을 막을 수 있다고 본다. 그래야 우리의 토종 식물을 보호할 수 있게 되지."

아이들은 고개를 끄덕였습니다.

"긴 얘기 지루할 텐데 잘 들어줘서 고맙구나."

김선생님은 토종민들레처럼 환하게 웃었습니다.

"벌써 시간이 이렇게 됐나? 김선생님, 우리 아이들이 점심을 싸왔는데 같이 드시지요."

"그럼, 신세 좀 질까요?"

빗자루 할아버지와 김선생님, 그리고 아이들은 파란 마을을 한눈에 내려다 볼 수 있는 야산 꼭대기에서 맛있는 점심을 나누어 먹었습니다.

포기하지 않아

동수와 기영이와 연이는 학교 교문을 나서다가 학교 담장 밑에서 병아리를 파는 그때 그 아저씨를 보았습니다.

아이들은 아저씨를 둘러싸고 삐약 삐약 거리는 샛노란 병아리들을 구경하고 있었습니다.

동수와 기영이와 연이는 누가 먼저랄 것도 없이 날기 연습을 시킨다고 병아리를 10층에서 던졌던 일이 떠올라 저절로 고개를 떨어뜨렸습니다.

"동수야, 기영아 나 오늘 용돈 탔는데 떡볶이 사줄까?"

연이가 기분을 바꾸려는 듯 짐짓 밝게 말했습니다.

"됐어. 별로 먹고 싶지 않아."

"나도."

동수와 기영이는 맥이 빠져서 털레털레 걸어갔습니다.

"너희들이 웬일이냐? 가자."

연이는 동수와 기영이의 팔을 잡아끌었습니다. 동수와 기영이는 못이기는 척 연이를 따라 학교 앞에 새로 생긴 떡볶이 집으로 들어갔습니다. 맛도 좋고 깨끗하다고 소문은 났지만 아직 한번도 들어가 보지 않았습니다.

학교가 끝나는 시간이라 떡볶이 집은 아이들로 북적거렸습니다.

동수와 기영이와 연이는 마침 두 아이가 일어나는 곳으로 얼른 가서 앉았습니다.

"아줌마, 여기 떡볶이 3인분 주세요."

연이가 소리쳤습니다.

"먼저 온 손님이 있으니 잠깐만 기다려라."

뚱뚱한 떡볶이집 아줌마는 고추장이 묻어있는 빈그릇을 챙겨 가져가며 말했습니다.

아줌마는 휴지를 뜯어 그릇에 묻은 고추장을 일일이 닦아내고 설거지통에 담았습니다. 그러고 보니 딴 떡볶이집은 그릇에 비닐을 씌워 사용하고 고추장이 묻은 비닐을 쓰레기통에 버리고 있었습니다.

“저것 봐.”

동수가 작은 싱크대 위에 붙어있는 ‘샛강을 살립시다.’ 라는 글을 가리켰습니다.

“아줌마도 환경에 관심이 많은가 봐.”

기영이가 작은 소리로 이야기했습니다.

“음식점같은 데서는 음식 찌꺼기가 많을 거야.”

동수도 기영이와 연이만 들을 수 있도록 작게 말했습니다.

“참, 너희들 음식 찌꺼기는 물기를 꼭 짜서 말리고 있겠지?”

연이가 생각난 듯 물었습니다.

“알고도 실천을 못하면 모르는 것보다도 더 못하느니라.”

기영이는 산신령님처럼 긴 턱수염을 쓸어만지는 시늉

을 했습니다.

"하지만 우리집은 똥개가 있어서 하고 싶어도 할 수 없잖아. 음식 찌꺼기는 똥개 몫이거든."

이 때 아줌마가 떡볶이를 그릇에 담아왔습니다.

"너희들 퇴비 만드니?"

"어? 어떻게 아셨어요?"

기영이가 놀라 물었습니다.

"내 귀에까지 들리던 걸? 이 떡볶이에 든 파는 집에서 음식 찌꺼기로 만든 퇴비를 주어 기른 거다. 맛들 보면 알테지만 너희들 말로 아주 따봉!이야."

아줌마는 엄지 손가락을 들어보였습니다.

"저는 파를 잘 안 먹는데……."

동수는 머리를 긁적거렸습니다.

"한국 사람이 그럼 뭘 잘 먹어야 하니? 피자? 아니면 햄버거?"

"네, 먹을 게요."

동수는 포크를 들고 떡볶이에 올려있는 파까지 집어 입에 넣고 우물거렸습니다.

"어때? 맛있지"

"네."

기영이와 연이는 웃으며 떡볶이를 먹었습니다.

"참, 너희들 갈 때 저기 문옆 바구니에 담아 둔 종이 한 장씩 집어가라."

"그게 뭔데요?"

바구니 위의 벽에는 '한 장씩 집어가시오' 라고 적혀 있었습니다.

"있다가 보면 알아."

동수와 기영이와 연이는 고개를 갸우뚱하고 맛있게 떡볶이를 먹었습니다.

바구니에 담긴 종이를 한 장씩 들고 나온 동수와 기영이와 연이는 찬찬히 들여다 보았습니다.

"와아! 된장국 1리터를 깨끗이 하려면 맑은 물 7톤이 필요 하대."

기영이는 1톤짜리 트럭의 무게를 가늠해보고는 놀라서 소리쳤습니다.

"소주 한잔은 1톤 물을 오염시킨다잖아."

1. 계획된 식단으로 음식물 쓰레기를 줄입시다.
2. 찌개류는 꼭 먹을 만큼만 조리합시다.
3. 폐식용유는 휴지로 닦아 냅시다.
4. 쌀뜨물은 설거지한 후 화단에 줍시다.
5. 술을 버리지 않는 습관을 생활화합시다.
6. 배수구 거름망에 헌스타킹을 씌웁시다.
7. 양칫물은 반드시 컵으로 받아씁시다.
8. 화장실 변기통에는 물병을 넣어 둡시다.
9. 변기를 닦을 때 세척제와 표백제 사용은 자제합시다.
10. 세탁기에 세제를 부을 때는 측정컵을 사용합시다.

연이가 말했습니다.

"너무 끔찍하다. 난 상한 우유를 그대로 버린 일이 몇 번이나 있었는데."

동수는 아무 생각없이 한 행동이 강을 오염시켰다니 반성이 되었습니다.

"그 아래를 읽어보면 폐식용유는 재생비누를 만들 수

있고, 쌀뜨물이나 시금치 삶은 물은 기름기를 닦아낼 수 있대. 이거 집에 가져가서 주방에다 붙여두자. 그래야 엄마들이 매일 보고 실천하시지."

기영이의 말에 동수와 연이는 찬성했습니다.

숙제를 함께 하기 위해 기영이는 동수와 연이를 따라 아파트로 갔습니다.

놀이터 등나무 아래에 빗자루 할아버지가 의자에 앉아 있는 것이 보였습니다.

"할아버지!"

아이들은 우루루 달려갔습니다.

빗자루 할아버지는 처음 보는 어떤 아저씨와 물고기 서너 마리가 담긴 통을 사이에 두고 이야기를 하고 있었습니다. 아저씨 옆에 낚싯대 가방이 있는 것으로 보아 낚시를 다녀온 모양이었습니다.

"한번 맡아보세요. 무슨 냄새가 나는 것 같지 않습니까?"

아저씨는 물고기 한 마리를 집어 할아버지의 코에 가까이 대주었습니다.

"글쎄요. 물고기에서 나는 비릿한 냄새라기보다는 코를 쏘는 게 냄새가 좋지 않군요."

"강이 거기까지 오염이 된 줄은 몰랐네. 어쩐지 낚시꾼이 없다 했더니……."

아저씨는 혼자 중얼거리더니 들고 있던 물고기를 통에 담고 손에 남은 냄새를 다시 맡아보고는 인상을 찌푸렸습니다.

"어머니 좀 과드리려고 했더니만 이제 잉어도 못 잡겠습니다. 생긴 걸 보니 우리 어렸을 때 잉어 같지도 않고 괜히 드셨다가 탈이라도 나면 큰일 아닙니까?"

"그렇죠. 그리고 요즘에 어디 토종물고기 보기가 쉽나요?"

"괜히 실례했습니다. 안녕히 계십쇼."

아저씨는 낚싯대를 어깨에 짊어지고 물고기가 담긴 통을 들고 터벅터벅 걸어갔습니다.

"누구세요?"

연이는 궁금해서 물었습니다.

"여기 아파트에 사시는 모양인데, 이 앞을 지나다가 물고기에서 이상한 냄새가 난다며 봐달라고 하시더구나."

"냄새가 고약했어요?"

기영이가 물었습니다.

"강이 오염되어서 그렇지. 강에도 배스니, 블루길이니 하는 외래물고기들이 토종물고기들을 마구 잡아먹어서 우리 토종물고기 수가 많이 줄었단다. 아까 그 잉어도 토종잉어가 아니지."

"그럼, 토종식물처럼 토종물고기의 생태계도 위협을 받고 있는 거네요?"

동수의 물음에 빗자루 할아버지는 고개를 끄덕였습니다.

"외래물고기를 탓하기 전에 오염된 물이야 말로 우리 물고기들의 생명을 죽이고 있단다. 쓰레기를 묻는 난지도 근처엔 심한 악취로 전혀 물고기가 살 수 없을 뿐만 아니라 잠실 지역에서는 등이 휜 이상하게 생긴 물고기들이 잡힌단다."

"공부시간에 선생님이 꼬리나 등이 휜 물고기를 보여주신 적이 있어요."

연이가 말했습니다.

"이런 여러 가지 이유로 토종물고기는 점점 사라지고 있는데 우리나라 토종 민물고기 가운데 절반 가까이 멸종될 위기에 처해있다고 신문의 보도를 본 기억이 나는구나."

아이들은 눈이 휘둥그레져서 할아버지를 쳐다보았습니다.

"우리 토종 물고기들은 이름도 참 희귀하고 예쁘단다. 감돌고기, 퉁사리, 꼬치동자개, 어름치, 꾸구리, 새코미꾸리, 새미, 수수미꾸리, 좀수수치, 퉁가리, 짱둥어, 가시고기, 말뚝망둥어…… 어떠냐?"

"참, 예뻐요."

"이런 것들이 개발을 위해서 자갈이나 모래를 캐내고, 강이 오염되면서 멸종되고 있는거란다."

"보호할 방법은 없을까요?"

기영이가 우울한 표정으로 물었습니다.

"위험에 처해있는 물고기를 천연기념물로 보호하고, 개발보다는 이들이 살아가는 곳을 지키려고 애쓴다면 지금이라도 늦지 않았다고 생각한다. 너희들 바다에 사는 '산호'를 알고 있니?"

"네. 산호초는 '바다의 슈퍼마켓'이라는 별명도 있잖아요. 사람이 먹는 물고기의 4분의 1 정도는 산호초 부근에서 잡히는 것들이래요."

기영이가 애기했습니다.

동수와 연이는 놀란 듯 기영이를 돌아보았습니다. 기영이는 우쭐해서 어깨를 으쓱거렸습니다.

"그래. 그 산호초가 우리의 토종 민물고기처럼 개발에 의해 멸종될 위험에 빠졌다는 구나. 바닷가 근처에 호텔을 지어 거기서 나오는 폐수가 바다를 오염시키고, 대기오염으로 인한 지구온난화 때문에 바닷물이 따뜻해지면서 산호초가 하얗게 변해 죽어버린단다."

빗자루 할아버지는 씁쓸한 표정으로 잠깐 말을 쉬었다가 계속했습니다.

"스리랑카나 인도에서는 마구잡이로 산호초를 부숴 시멘트를 만들기도 했다는데 결국 바다의 생태계를 파괴한 사람에게 해가 돌아오고 말지. 너희들 생각에 산호는 일년동안 얼마나 클 것 같으냐?"

"……약 100센티미터요."

연이가 먼저 대답했습니다.

"아냐. 더 자랄 거야. 1년은 365일이니까 300센티미터요."

"그렇게 많이? 딱 잘라서 150센티미터요."

동수와 기영이가 번갈아 말했습니다.

할아버지는 소리없이 웃으며 고개를 저었습니다.

"그럼, 그보다 더 많이 자라요?"

"아니다. 크게 자란 것은 일년에 약 2.5센티미터 정도란다."

"에게게. 겨우요?"

아이들은 엄지손가락 한 마디의 크기를 가늠해 보며 믿을 수 없다는 표정이었습니다.

"그래서 큰 몸짓을 이루려면 수백년이라는 세월이 필요하단다."

빗자루 할아버지의 말씀에 아이들은 어깨에 힘이 빠지는 것만 같았습니다.

'망치는 건 쉬워도 회복을 시키려면 인내와 끈기를 가지고 오랫동안 노력을 해야 한단다. 그것마저 포기한다면 아름다운 자연은 다시 우리에게 돌아오지 않게 되지…….'

언젠가 할아버지에게서 들은 이야기가 귓가에 맴돌았

습니다.

빗자루 할아버지는 동수와 기영이와 연이의 손을 끌어 모아 꼭 잡았습니다.

"미리부터 겁을 내면 되겠니? 힘을 내야지."

"네!"

아이들은 합창하듯 큰소리로 대답했습니다.

"환경은 작은 것에서부터 실천하면서 보호할 수 있는

거란다. 너희들의 조그마한 손으로 쓰레기를 분리수거하고, 퇴비를 만들어 흙속에 넣어주는 걸 보면 할아버지는 먼 미래의 깨끗한 자연을 보는 듯 마음이 흐뭇하단다."

빗자루 할아버지는 아이들의 손을 다독이며 빙그레 미소를 지었습니다.

땅! 하늘! 강물! 바다!

동수와 기영이와 연이는 학교 수업을 끝내고 어린이 도서관을 찾아갔습니다.

문을 조용히 밀고 안으로 들어서자 큰 교실 같은 곳에 띄엄띄엄 아이들이 앉아 조용히 책을 읽고 있었습니다.

문옆에 있는 책상에는 도서관에서 일하는 여자 직원이 앉아 있었습니다.

"누나, 환경에 대한 책은 어디 있어요?"

동수가 나지막한 목소리로 물었습니다.

"저기 오른쪽 귀퉁이에 화분 보이지? 바로 그 옆 책장에 있어. 가방은 사물함에 넣어 둬야 한다."

"네."

동수와 기영이와 연이는 누나에게서 사물함 열쇠를 받아들었습니다. 가방 세 개를 사물함에 넣고 누나가 가르쳐준 쪽으로 가보았습니다.

–띠르릉 띠르릉

그 때 어디서 이상한 소리가 들렸습니다.

책상에 앉아 있던 아이들이 동수와 기영이와 연이쪽을 쳐다보았습니다.

동수와 연이는 어리둥절해서 주위를 둘러보는데 기영이는 바지주머니에서 뭔가를 끄집어 내었습니다. 분홍색 핸드폰이였습니다.

기영이는 핸드폰에 나타난 전화번호를 확인하고는 얼른 울리는 소리를 껐습니다.

문옆에 앉아 있는 누나가 검지손가락을 입술에 세우고 조용히 하라는 표시를 보냈습니다. 연이는 먼저 발뒤꿈치를 들고 조용조용 환경에 관한 책이 화분 옆으로 갔습니다.

"웬 핸드폰이냐?"

동수가 기영이의 귀에 대고 속삭였습니다.

"누나건데 내가 오늘만 빌렸어."

"뭐 때문에?"

"우리집 똥개가 이상해서. 아침에 엄마가 그러시는데 어쩜 오늘 새끼를 낳을 지도 모르겠다고 하셨단 말야."

"누렁이가 새끼를 낳는데 왜 네가 핸드폰이 필요한거야?"

"새끼를 낳으면 나한테 전화를 해달라고 엄마한테 부탁드렸거든. 근데 자꾸 엉뚱한 데서만 오잖아."

"누나 친구들이겠지 뭐. 근데 너 되게 걱정되는 표정이다."

동수는 장난기가 묻은 얼굴로 말했습니다.

"내가? 뭘?"

"맨날 똥개, 똥개 했잖아. 그리고 누렁이를 얼마나 무시했니?"

"내가 언제?"

"닭 잡아먹고 오리발이라더니."

"뭐라고?"

기영이는 저도 모르게 큰소리를 질렀다가 얼른 제 입을 막았습니다. 도서관 누나가 이쪽으로 걸어왔습니다.

"너희들 한번만 더 떠들면 강제로 퇴장시킨다."

"죄송합니다."

어느 새 책을 골라 책상에 앉아있던 연이가 동수와 기영이를 보고는 혀를 끌끌 찼습니다.

도서관 누나가 가버리자 동수와 기영이는 화분 옆으로 자리를 옮겼습니다.

"어찌됐든 똥개가 새끼가 낳는다는데 모른 척 할 수도 없잖아."

기영이는 개미만한 소리로 동수의 귀에 말했습니다.

"그냥 '난 누렁이를 좋아해' 하면 될 것을 싫어하는 것처럼 너가 우기니까 그렇지."

동수는 책장을 정리하고 있는 도서관 누나를 힐끔 쳐다보고는 작은 소리로 이야기 했습니다.

"그래그래. 난 똥개가 하늘만큼 좋다. 이제 됐어?"

기영이는 화가나서 말하고는 휭하니 도서관을 나가버렸습니다. 동수는 놀라서 얼른 기영이를 뒤쫓아 갔습니다.

기영이는 복도 유리창에 기대에 밖을 내다보고 있었습니다.

"미안해. 너를 조금 골려주려다가 그만……."

"아냐. 사실 난 우리집 똥개를 싫어하지 않았어. 귀찮았던 것뿐이지. 생선대가리 얻어오고, 개똥 치우는게 내 몫이었으니까."

"그래, 나라도 그건 싫었을 거야."

동수와 기영이는 복도 바닥에 나란히 기대어 앉았습니다.

"근데 우리가 병아리를 10층에서 날기 연습을 시킨다고 던진 것이 큰 잘못이라는 것을 깨닫고부터 똥개가 더 좋아졌어."

"그랬구나. 근데 왜 마음을 겉으로 나타내지 않았어?"

"괜히 그러기가 창피했거든."

그 때였습니다.

동수와 기영이 앞에 책가방이 탁 놓아졌습니다.

"너희들 정말 또 나만 빼놓고 이게 뭐야? 도서관 안에

서 너희들 찾느라고 내가 얼마나 이구석 저구석으로 돌아다녔는 줄 알아?"

"연이야 미안하다."

동수와 기영이는 자리를 털고 일어섰습니다.

"미안하다면 다야? 도서관까지 와서 책도 못 읽고 이게 뭐니?"

"어쩌면 오늘 누렁이가 새끼를 낳을 지도 모른데."

동수의 말에 연이는 두 눈이 휘둥그레져서 기영이를 쳐다보았습니다.

"그래서 그 얘기 좀 하느라구 나온 거야. 도서관 안에서 누나가 지키고 있잖아."

"그럼, 빨리 집에 안 가고 뭐해? 빨리 가보지."

연이는 들떠서 기영이의 팔을 잡아당겼습니다.

"우리가 가서 뭐해?"

"뭐하긴? 새끼 낳는데 지켜줘야지."

"어떻게?"

기영이는 연이에게 끌려가며 물었습니다.

"나도 몰라. 아무튼 빨리 가보자."

동수와 기영이와 연이는 기영이네 집으로 뛰어갔습니다.

기영이는 대문을 들어서자마자 누렁이의 소식부터 물었습니다.

"엄마, 누렁이 어떻게 됐어요?"

"아직 낳지 않았어. 매우 힘들어 하고 있단다."

"가봐도 돼요?"

"그래. 하지만 너무 가까이는 가지 마라."

동수와 연이는 기영이를 따라 뒷마당으로 가보았습니다.

누렁이는 자기집 안에서 누워 꼼짝을 하지 않았습니다. 아무소리도 나지 않았습니다.

"누렁아……!"

기영이가 불러보았지만 누렁이는 고개를 돌려 쳐다볼 뿐 튀어나오지 않았습니다. 똥개라고 불러도 기영이의 목소리를 알아듣고 총알같이 튀어나오던 누렁이였습니다.

기영이 엄마는 옷가지를 몇 개 가져와 누렁이에게 다가갔습니다.

"누렁아, 바닥에 깔아줄 테니 새끼를 이 위에 낳아라."

엄마는 누렁이 집안에 손을 넣어 편편하게 깔아주었습니다.

"언제 낳을 지도 모르는데 들어가 있어라."

"조금만 더 있을 게요."

기영이는 누렁이에게서 눈을 떼지 않고 말했습니다.

"그래라, 그럼."

엄마는 앞마당으로 돌아갔습니다.

기영이는 눈물을 찔끔 짜고는 손등으로 훔쳤습니다.

"누렁아, 이제는 똥개라고 안 부를게. 그리고 그 때 널 걷어차서 며칠동안이나 발을 절둑거리게 했던 거 미안해. 새끼 낳으면 내가 많이 예뻐해 줄께."

동수와 연이는 서로 쳐다보고 입을 꾹 다물었습니다.

저녁 때가 되어도 기영이에게서는 아무 연락도 없었습니다.

동수는 동화책을 읽어도 눈에 잘 들어오지 않았습니다. 시계를 보니 8시가 가까워 오고 있었습니다.

"왜 이렇게 연락이 없지?"

동수는 자리에서 벌떡 일어나 거실로 나갔습니다.

엄마는 주방을 정리하고 아빠는 거실에서 신문을 보고 계셨습니다. 동수는 엄마에게 다가갔습니다.

"엄마, 나 기영이네 집에 다녀오면 안 돼요?"

"이 시간에?"

"답답해서요. 기영이는 분명히 누렁이랑 함께 있을 건

데……. 저도 누렁이가 새끼 낳는 모습을 보고 싶어요."

"글쎄다……."

"다녀와라. 텔레비전을 통해 보는 것보다는 좋은 경험이 될 거다."

거실에서 아빠가 흔쾌히 말씀하셨습니다.

"네. 연이한테 전화를 해서 함께 가야겠어요. 또 나중에 혼자 갔다고 삐칠지도 모르거든요."

동수와 연이는 놀이터에서 만나 기영이네 집으로 뛰어갔습니다.

기영이 누나를 쫓아 백열등 불빛이 비추는 뒷마당으로 갔을 때 기영이 엄마와 아빠는 누렁이 앞에 가까이 계셨습니다.

"기영아!"

동수가 뒤에서 낮게 부르자 기영이는 대뜸 쉿! 하라고 했습니다.

"벌써 두 마리 낳았어."

"그래?"

기영이의 들뜬 목소리에는 누렁이에 대한 사랑이 듬뿍

묻어 있었습니다.

"새끼는 어딨어?"

연이는 눈을 둥그렇게 뜨고 새끼를 찾았습니다.

"저기 봐. 자기 새끼를 혀로 핥아 주고 있잖아."

누렁이는 물기가 묻은 주먹만한 새끼를 혀로 정성스럽게 계속 핥아 주고 있었습니다.

어둠에 새끼의 모습은 잘 보이지 않았지만 곰지락거리는 것이 언뜻 느껴졌습니다.

"참 예쁘지?"

하고 동수와 연이를 돌아보는 기영이의 눈가에는 채 마르지 않은 눈물 자국이 남아 있었습니다. 그건 기쁨일 거라고 동수는 생각했습니다.

누렁이는 새끼 네 마리를 낳았습니다.

동수와 기영이와 연이는 태어나자마자 엄마의 젖을 빠는 새끼들을 바라보며 가슴이 벅찼습니다.

일주일이 후딱 지나갔습니다.

매일 동수와 연이는 기영이네를 찾아와 누렁이와 새끼들과 놀았습니다.

양지바른 자리에 길게 누운 누렁이는 새끼들에게 젖을 먹였습니다. 세 마리는 엄마 누렁이를 닮아 누런색이었지만 한 마리는 바둑이었습니다.

누렁이의 품에서 잠을 자는 새끼의 배가 숨을 쉬느라고 올라갔다 내려갔다 하는 것을 보면 신기하게 느껴지기도 했습니다.

동수와 기영이와 연이는 누렁이의 새끼들을 옷가지를 깐 상자에 담았습니다. 빗자루 할아버지에게 자랑하고 싶었습니다.

아이들을 따라 누렁이도 함께 갔습니다.

빗자루 할아버지는 마침 화단을 돌보고 있었습니다. 누렁이가 먼저 짖으며 빗자루 할아버지에게 달려갔습니다.

"아니, 누렁이 아니냐?"

할아버지는 누렁이의 등을 쓸어주었습니다. 그리고 이쪽으로 오는 아이들을 돌아보고 자리에서 일어섰습니다.

"이것 보세요. 누렁이 새끼에요."

기영이는 할아버지에게 상자속에 든 새끼를 보여주었습니다.

"그놈들 잘 생겼구나."

"그렇죠?"

누렁이는 멍멍! 짖으며 기영이의 바지를 잡아당겼습니다.

"알았어. 내려줄께."

기영이가 상자를 내려주자 누렁이는 새끼들을 핥아주었습니다.

"저것 봐라. 얼마나 아름다우니? 동수, 기영이, 연이는 이번에 누렁이가 새끼들을 낳는 모습을 보고 생명의 소중함을 느꼈을 거다. 살아서 숨쉬는 것에는 늘 감동이 있단다. 땅이 숨을 쉬고, 하늘이 숨을 쉬고, 강물이 숨을 쉬고, 바다가 숨을 쉬고…… 그안에서 생명들이 살고 있기 때문이지."

아이들은 고개를 끄덕였습니다.

"할아버지가 너희들을 처음 만나 자연을 알아보고 싶지 않느냐고 말한 것은 이유가 있었단다. 어린 시절 직접 체험해 보고 느껴야만 어른이 되어서도 환경을 사랑하고 생명을 존중 할 수 있기 때문이지. 앞으로도 깨끗한 환경을 지키기 위해 열심히 노력해야 한다."

"네! 명심하겠습니다."

기영이는 손을 번쩍 들어올려 경례를 붙였습니다. 동수와 연이도 따라서 경례를 했습니다.

빗자루 할아버지는 껄껄껄! 큰소리로 웃었습니다.

"근데 새끼들 이름은 뭐냐?"

동수와 기영이와 연이는 서로 눈짓하며 빙그레 웃었습니다. 그리고는 입을 모아 외쳤습니다.

"땅! 하늘! 강물! 바다!"

아이들의 웃음소리가 한데 어우러져 아파트 단지 안에 길게 메아리쳤습니다.

땅에도 생명이 있어요

2010. 3. 20 인쇄
2010. 3. 25 발행

엮은이 대한과학진흥회
펴낸이 신 주 황
펴낸곳 스완미디어
등록 제2-4534호
주소 서울 · 중구 만리동1가 12-33 태영빌딩
대표전화 02) 393-0026
팩스 02) 312-8349

ISBN 978-89-92565-03-5

값 8,500원